「通級による指導」

における

自立活動の実際

田中裕一【監修】

全国特別支援学級・通級指導教室設置学校長協会【編著】

東洋館出版社

目　次

行動面の課題に重点を置いた実践

不安傾向の改善に重点を置いた実践

◖ 資料編 ～関係法令及び通知等～

本書のまえがきに代えて
～実践事例を読むに当たって踏まえていただきたいこと～

兵庫県教育委員会事務局特別支援教育課 副課長兼教育推進班長
（前 文部科学省初等中等教育局特別支援教育課 特別支援教育調査官）
田中　裕一

はじめに

まずは，本書を手に取っていただいた読者の皆様に感謝を申し上げたい。ありがとうございます。

そして，お願いしたいことがある。それは，本書で分かったこと，気が付いたこと，思ったことなどについて，ぜひ周りの方々に発信していただきたいということである。

まだまだ，通級による指導（以下，「通級指導」という）を利用したくてもできていない子供がたくさんいる。それは，現時点では，通級指導を担当する教員（以下，「通級指導担当教員」という）が通級を利用する子供13人に1人措置されるという定数の完成途上にあること（高等学校の通級指導担当教員は加配）が大きな一つの要因だが，それ以外にも，教育関係者だけでなく，一般の方々の特別支援教育や通級指導というものに対する誤解があると感じる。例えば，「通級指導は教科についてマンツーマンや少人数で教えてくれる場所？」という問いに対して，「Yes」「No」どちらで答えるだろうか。それらの誤解を解き，通級指導を利用したい子供が利用できるようにするには，もっともっと周囲の方々の通級指導の意義や有効性の理解が不可欠である。

そのため，本稿では，通級指導に関する基本的な制度やその活用上の留意点などについて簡単に述べる。

1　通級指導の基本的な制度

(1)　指導時間と対象となる障害種

通級指導とは，小学校，中学校，義務教育学校，高等学校又は中等教育学校の通常の学級に在籍する比較的軽度の障害のある子供に対し，その障害の状態に応じて，小学校，中学校，義務教育学校又は中等教育学校の前期課程においては年間35単位時間から280単位時間（週1～8時間）までを標準とし，高等学校又は中等教育学校の後期課程においては年間7単位を超えない範囲で実施できることとなっている。ただし，小学校，中学校，義務教育学校又は中等教育学校の前期課程において学習障害（LD）と注意欠陥多動性障害（ADHD）については年間10単位時

間から280単位時間までを標準としている。

その際，通級指導の時間を，教育課程に加え，又はその一部に替えることができるとされている。高等学校においては，学習指導要領に必履修教科・科目，総合的な探究の時間及び特別活動など，替えられない教科・科目等が示されているので留意が必要である。

対象となる障害種（学校教育法施行規則第140条）は，言語障害，自閉症，情緒障害，弱視，難聴，LD，ADHD，肢体不自由，病弱及び身体虚弱となっており，知的障害は対象となっていない。

(2) 通級の形態と「みなし」規定

通級指導の形態には主に3種あり，児童生徒が自校にある通級指導教室に通う自校通級，他校に設置された通級指導教室に通う他校通級，通級指導担当教員が対象児童生徒の学校を訪問して指導を行う巡回指導がある。

通級指導を他校で受けた場合，在籍する学校における教育課程に係る授業と「みなす」ことができることとなっている（学校教育法施行規則第141条）。

(3) 指導内容

指導内容については，障害による学習上又は生活上の困難を改善し，または克服することを目的とする指導とされ，特別支援学校の自立活動に相当する指導とされている（小学校学習指導要領第1章第4の2の(1)のウ，中学校学習指導要領第1章第4の2の(1)のウ及び高等学校学習指導要領第1章第5款の2の(1)のイを参照のこと）。

したがって，指導に当たっては，特別支援学校学習指導要領に示す自立活動の6区分27項目の内容を参考とし，個別の指導計画を作成し，具体的な指導目標や指導内容を定め，それに基づいて指導を展開する必要があ

る。その際，各教科とは違い，その項目全てを扱うものではなく，個々の子供に必要な項目を選定して指導することに留意が必要である。

自立活動の内容は，幼児児童生徒の個々の障害の状態や発達段階に応じた課題に対応できるよう，人間としての基本的な行動を遂行するために必要な要素と，障害による学習上又は生活上の困難を改善・克服するために必要な要素を検討して，その中の代表的なものを項目として六つの区分（「健康の保持」「心理的な安定」「人間関係の形成」「環境の把握」「身体の動き」「コミュニケーション」）の下に分類・整理したものである。

各区分に示されている内容については，下記のとおりである。

「健康の保持」では，生命を維持し，日常生活を行うために必要な健康状態の維持・改善を身体的な側面を中心として図る観点から内容を示している。

「心理的な安定」では，自分の気持ちや情緒をコントロールして変化する状況に適切に対応するとともに，障害による学習上又は生活上の困難を主体的に改善・克服する意欲の向上を図り，自己のよさに気付く観点から内容を示している。

「人間関係の形成」では，自他の理解を深め，対人関係を円滑にし，集団参加の基盤を培う観点から内容を示している。

「環境の把握」では，感覚を有効に活用し，空間や時間などの概念を手掛かりとして，周囲の状況を把握したり，環境と自己との関係を理解したりして，的確に判断し，行動できるようにする観点から内容を示している。

「身体の動き」では，日常生活や作業に必要な基本動作を習得し，生活の中で適切な身

表　自立活動の6区分27項目

1 健康の保持	4 環境の把握（続き）

1　健康の保持
  (1)　生活のリズムや生活習慣の形成に関すること。
  (2)　病気の状態の理解と生活管理に関すること。
  (3)　身体各部の状態の理解と養護に関すること。
  (4)　障害の特性の理解と生活環境の調整に関すること。
  (5)　健康状態の維持・改善に関すること。

2　心理的な安定
  (1)　情緒の安定に関すること。
  (2)　状況の理解と変化への対応に関すること。
  (3)　障害による学習上又は生活上の困難を改善・克服する意欲に関すること。

3　人間関係の形成
  (1)　他者とのかかわりの基礎に関すること。
  (2)　他者の意図や感情の理解に関すること。
  (3)　自己の理解と行動の調整に関すること。
  (4)　集団への参加の基礎に関すること。

4　環境の把握
  (1)　保有する感覚の活用に関すること。
  (2)　感覚や認知の特性についての理解と対応に関すること。
  (3)　感覚の補助及び代行手段の活用に関すること。
  (4)　感覚を総合的に活用した周囲の状況についての把握と状況に応じた行動に関すること。
  (5)　認知や行動の手掛かりとなる概念の形成に関すること。

5　身体の動き
  (1)　姿勢と運動・動作の基本的技能に関すること。
  (2)　姿勢保持と運動・動作の補助的手段の活用に関すること。
  (3)　日常生活に必要な基本動作に関すること。
  (4)　身体の移動能力に関すること。
  (5)　作業に必要な動作と円滑な遂行に関すること。

6　コミュニケーション
  (1)　コミュニケーションの基礎的能力に関すること。
  (2)　言語の受容と表出に関すること。
  (3)　言語の形成と活用に関すること。
  (4)　コミュニケーション手段の選択と活用に関すること。
  (5)　状況に応じたコミュニケーションに関すること。

体の動きができるようにする観点から内容を示している。

「コミュニケーション」では，場や相手に応じて，コミュニケーションを円滑に行うことができるようにする観点から内容を示している。

各区分にそれぞれある3〜5の項目の意味や具体的指導内容例と留意点，他の項目との関連例については，「特別支援学校教育要領・学習指導要領解説　自立活動編（幼稚部・小学部・中学部）」を参照いただきたい。

なお「学校教育法施行規則第140条の規定による特別の教育課程について定める件の一部を改正する告示」（平成28年文部科学省告示第176号）において，特に必要があるときには，障害の状態に応じて各教科の内容を取り扱いながら行うことができるとされている。これは，その場合でも障害による学習上又は生活上の困難の改善又は克服を目的とする指導であるとの位置付けが明確化されたということである。

通級指導を行う場合，子供が在籍する学級担任や教科指導を担当する教員と通級指導担当教員とが随時，学習の進捗状況等について情報交換を行うとともに，通級指導の効果が，通常の学級においても波及することを目指していくことが重要である。
（より詳しく制度の詳細をお知りになりたい場合は，「特別支援学校教育要領・学習指導要領解説　自立活動編（幼稚部・小学部・中学部）」「通級による指導の手引　第2版」「初めて通級による指導を担当する教師のためのガイド」文部科学省，『新版「特別支援学級と「通級による指導」ハンドブック』東洋館出版社などが参考となる）

2 通級指導の活用上の留意点

(1) 個別の指導計画等の作成と活用

　個別の教育支援計画と個別の指導計画は，障害のある子供に対するきめ細やかな指導や支援を組織的・計画的かつ継続的に行うために重要な役割を担っていることから，新学習指導要領には，個別の教育支援計画及び個別の指導計画の作成と活用について詳細に規定された（小学校学習指導要領第1章第4の2の(1)のエ，中学校学習指導要領第1章第4の2の(1)のエ及び高等学校学習指導要領第1章第5款の2の(1)のウを参照のこと）。

　特に，通級による指導を受ける子供の全てに，一人一人の教育的ニーズに応じた指導や支援が組織的・計画的かつ継続的に行われるよう個別の教育支援計画及び個別の指導計画を作成し，活用していくことが義務付けられた。

　各学校においては，個別の教育支援計画及び個別の指導計画を作成する目的や活用の仕方に違いがあることに留意し，二つの計画の位置付けや作成の手続きなどを整理し，教職員全体の共通理解を図ることが必要である。また，個別の教育支援計画及び個別の指導計画については，実施状況を適宜評価し改善を図っていくこと，つまりPDCAサイクルによる見直しも不可欠である。また，その際，校長のリーダーシップの下，学校全体の体制づくりが必要となる。校内体制づくりについては，「発達障害を含む障害のある幼児児童生徒に対する教育支援体制整備ガイドライン～発達障害等の可能性の段階から，教育的ニーズに気付き，支え，つなぐために～」（文部科学省編著）を参考にしていただきたい。

　個別の教育支援計画の活用に当たっては，例えば，個別の教育支援計画を引継ぎ，適切な支援の目的や教育的支援の内容を設定したり，進路先に在学中の支援の目的や教育的支援の内容を伝えたりするなど，入学前から在学中，そして進路先まで，切れ目ない支援に生かすことが大切である。その際，個別の教育支援計画には，多くの関係者が関与することから，保護者に対し，計画の意義や用途等について丁寧に説明するなどして，学校外の関係者との情報共有等の同意を事前に得るなど個人情報の適切な取扱いと保護に十分留意することが必要である。

　なお，個別の教育支援計画の作成に当たって，当該児童生徒等又は保護者の意向を踏まえつつ，関係機関等と当該児童生徒等の支援に関する必要な情報の共有を図らなければならないこととされていることにも留意が必要である（平成30年8月に行われた学校教育法施行規則の一部改正を参照のこと）。

　通級指導は個々の子供の障害の状態に応じて，指導する教員が内容を決定するため，個々の子供の実態を的確に把握した上で，通級指導における個別の指導計画を作成し，指導することが重要となる。また，高等学校においては，その計画に基づいて単位が認定されることとなる（高等学校学習指導要領第1章第5款の2の(1)のウを参照のこと）。

　他校通級や巡回指導のように通級指導担当教員の所属する学校とは違う学校に在籍する子供を指導する場合には，学校間及び担当教員間の連携の在り方を工夫し，個別の指導計画に基づく評価や情報交換等が円滑に行われるよう配慮する必要がある。

（2） 通常の学級と通級指導の連携

① 障害のある子供への指導・支援の階層性と連続性

特別支援教育がスタートしてから，障害のある子供に分かりやすい授業は全ての子供に分かりやすい授業である，という考えの下，「全ての子供に分かる授業」に関する取組が学校単位や自治体単位，学会単位で進められてきた。その取組を「ユニバーサルデザインの授業※」と呼ぶ場合もあるが，統一された定義があるわけではなく，研究者によって様々な考え方があるのが現状である。また，全ての子供に対応できる特定の方法が示されているわけでもない。しかし，学校で行われる授業の基礎的環境整備の一つとして，「ユニバーサルデザインの授業」が実施されることは，合理的配慮を提供する上で，非常に重要である。

障害のある子供を含めた「全ての子供が分かる授業」を考える際には，三層構造（図）で考えると理解しやすい。

第1層は，集団全体に対して，分かりやすい授業を実施する基盤である教室環境や周囲の子供の人的環境を整えるとともに，そこで行う集団全体に対する配慮である。前面の黒板周りを整えるなどの教室環境の整理や発

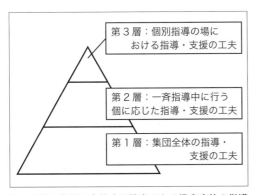

図　通常の学級に在籍する障害のある児童生徒の指導の階層性

（図中）
第3層：個別指導の場における指導・支援の工夫
第2層：一斉指導中に行う個に応じた指導・支援の工夫
第1層：集団全体の指導・支援の工夫

問の工夫，分かりやすい板書，難易度や問題数が異なるプリントの準備などが方法として考えられ，安定した学級経営も含まれる。これらは，全ての子供に対する配慮であることから，基礎的な環境と考えることができる。つまり，一斉指導場面において個別に配慮を実施するために必須であり，この取組を行わずに，個別の配慮が効果的に実施できるとは考えにくい。

第2層は，第1層を基盤にして行う個の障害の特性や学習上の困難の原因に応じた指導・支援などを一斉指導中や机間指導中に個別に実施する工夫のことである。例えば，黒板を写すことに時間がかかるなどの困難がある場合にデジタルカメラ等で黒板を撮影したり，文字の読みに困難がある場合に教科書の音声データの利用を許可したりすることが考えられる。これらは，個に応じた配慮が提供されることから，合理的配慮として行われる場合も考えられる（詳細は②③参照）。

第3層は，放課後や休み時間等に個別に行う指導・支援や通級指導を活用するなど，個の障害の特性や学習上の困難等に特化した指導・支援を別の場で行うことを指している。

この3層を連続性のあるものとするためには，先ほど述べた個別の教育支援計画や個別の指導計画を活用し，指導方法や支援内容などについて共有し，指導する教員が共通の方法等で行うことが大切である。

※我が国が批准した障害者の権利に関する条約第2条において，ユニバーサルデザインのことを「調整又は特別な設計を必要とすることなく，最大限可能な範囲で全ての人が使用することのできる製品，環境，計画及びサービスの設計」と定義されていることから，通常の学級で行われる障害のあ

る子供も含めた多くの子供に対応できる授業のことを「ユニバーサルデザインの授業」という場合がある。

② 学習の困難さに応じた指導内容や指導方法の工夫

全ての学校において，発達障害を含む障害のある子供が在籍しているだけでなく，学習面又は生活面において困難のある子供で発達障害の可能性のある子供も在籍している可能性がある。このことを前提に，全ての授業において，資質・能力の育成を目指すとともに，一人一人の教育的ニーズに応じたきめ細かな指導や支援ができるように，新学習指導要領等の総則に特別な配慮を必要とする子供への指導について示された。

これは，障害のある子供に対して，障害の種類や程度を的確に把握した上で，「困難さの状態」に対して「指導上の工夫の意図」をもって，個に応じた様々な「手立て」を検討し，指導に当たっていく必要があることを意味している。また，このような考え方は学習状況の評価に当たって生徒一人一人の状況をきめ細かに見取っていく際にも参考となる。その際に，新学習指導要領解説の各教科等編のほか，文部科学省が作成した「教育支援資料」などを参考にしながら，全ての教員が障害に関する知識や配慮等についての正しい理解と認識を深め，担任をしている教員や特別支援教育コーディネーターだけに指導等を任せるのではなく，障害のある生徒などに対する組織的な対応ができるようにしていくことが重要である。

各教科等における障害に応じた指導上の工夫の考え方については，従来，障害の種類別に配慮事項の例を挙げていたが，これを学びの過程で考えられる困難さごとに示すように

した。そして，各教科等の学習過程における想定される困難さとそれに対する指導上の意図や手立てについて，各教科等の学習指導要領解説に示された。

基本的な考え方については，資質・能力の育成，各教科等の目標の実現を目指し，生徒が十分な学びが実現できるよう，学びの過程で考えられる「困難さの状態（実線箇所）」に対する「指導上の工夫の意図（二重線箇所）」と「手立て（波線箇所）」を構造的に示している。

以下，各教科等の解説から抜粋する。

・国語科

比較的長い文章を書くなど，一定量の文字を書くことが困難な場合には，文字を書く負担を軽減するため，手書きだけではなくICT機器を使って文章を書くことができるようにするなどの配慮をする。

・地理歴史編，公民編

地図等の資料から必要な情報を見付け出したり，読み取ったりすることが困難な場合には，読み取りやすくするために，地図等の情報を拡大したり，見る範囲を限定したりして，掲載されている情報を精選し，視点を明確にするなどの配慮をする。

・総合的な探究の時間

人前で話すことへの不安から，自分の考えなどを発表することが難しい場合は，安心して発表できるように，発表する内容について紙面に整理し，その紙面を見ながら発表できるようにすること，ICT機器を活用したりするなど，生徒の表現を支援するための手立てを工夫できるように配慮する。

他の教科等の手立ての例示については，各

教科等の解説を参照いただきたい。これらの手立ては，教科等や学校種の枠を超えて参考になるものが多い。指導する教員は，自身の担当する教科等以外の手立てにも目を通すことによって，学習に困難を抱えている子供への授業のヒントになるだろう。全ての手立てに目を通すことをお勧めしたい。

なお，手立ての内容は，あくまでも例示であり，子供一人一人の障害の状態や特性及び心身の発達の段階等の実態把握や学習状況を踏まえ，困難さの状態を把握し，必要な手立てを考え，工夫していくことが重要である。また，個別の指導計画等に記載して，指導に当たる全ての教員が手立ての情報を共有したり，手立てが適切かどうかの検討を定期的に行ったりするなど，PDCAサイクルによる手立ての見直しを行うことが重要である。

③ 合理的配慮の提供

通常の学級で学ぶ障害のある児童生徒に対しては，学習の際にも合理的配慮が提供される場合が考えられる。その際には，「障害を理由とする差別の解消の推進に関する法律」（以下，「障害者差別解消法」という）の取組に資するために文部科学省が所管する事業者向けに作成した「文部科学省所管事業分野における障害を理由とする差別の解消の推進に関する対応指針」（以下，「対応指針」という）が参考となる。

障害者差別解消法は，障害を理由とする不当な差別的取扱いの禁止について国公立学校・私立学校において法的義務を，合理的配慮の不提供の禁止については国公立学校においては法的義務（私立学校においては努力義務）を定めている。

本法の取組に資するため作成された対応指針には，合理的配慮の例として，次のような学習評価の場面が示されている。

「入学試験や検定試験において，本人・保護者の希望，障害の状況等を踏まえ，別室での受験，試験時間の延長，点字，拡大文字や音声読み上げ機能の使用等を許可すること」

「読み・書き等に困難のある児童生徒等のために，授業や試験でのタブレット端末等のICT機器使用を許可したり，筆記に代えて口頭試問による学習評価を行ったりすること」

また，不当な差別的取扱いに当たり得る具体例として，

「試験等において合理的配慮の提供を受けたことを理由に，当該試験等の結果を学習評価の対象から除外したり，評価において差を付けたりすること」

とあり，合理的配慮を提供した際の学習評価に当たっては留意が必要である。

各学校においては，これらの点において，法の趣旨を十分に踏まえ，正しい理解と対応が求められている。

おわりに

通級指導を利用している子供に効果的な指導・支援を行うためには，通級指導の制度理解とともに，在籍学級での効果的な指導・支援が非常に大切であり，その際，3層構造による階層性や連続性で理解することの重要性を分かっていただけたのではないだろうか。この拙文が，それぞれの学校現場で，子供たちの力を伸ばすための実践の参考になれば幸いである。

そして，最後に，もう一度お願いである。

通級指導の有効性や重要性について，ぜひ周りの方々に発信していただき，効果的な取組となるようにお願いしたい。

実践編

感情の表出やコントロールに課題のある児童への指導

自分の気持ちを適切に表現することや相手の気持ちを推し量ることに困難さのある児童は，様々な場面で感情のコントロールや切り替えがうまくいかない様子が見られる。本事例では，自分や他者の「気持ち」に気付き，よりよい行動に結び付ける力につなげられるようにする。

主とする自立活動の内容	
	2 心理的な安定 （1） 情緒の安定に関すること。
	3 人間関係の形成 （2） 他者の意図や感情の理解に関すること。
	6 コミュニケーション （3） 言語の形成と活用に関すること。

■ 対象学年・児童の様子

小学校4年生。

気持ちのコントロールや切り替えに課題がある。不安なときや失敗したとき等に自分の思いを上手に表現したり，助けを求めたりすることができず，気持ちが高ぶったり，行動が止まってしまったりすることがある。

友達と仲良くしたい気持ちがあり，一緒に遊んだり会話を楽しんだりする。その中で相手の状況や気持ちに気が付かずに自分の面白いと思ったことを進めてしまうこともある。

指示を聞き漏らすなど，聞くことはやや苦手としているが，見て理解したり，情報を処理したりする力は高い。

■ 指導方法・指導時間

週1単位時間の個別指導と月1単位時間の小集団指導を行う。事例では個別指導を取り上げる。

■ 単元の計画 (6単位時間扱い)

【単元名】気持ちクイズをしよう

1時間目には，気持ちを表すグラフに色を塗り，「よい気持ち」「嫌な気持ち」について

考える活動を行う。

2時間目は自分が経験した出来事について話し，そのときの気持ちはグラフではどの辺りだったかを担当教員と報告し合う。

3時間目には気持ちを表す言葉探しを行い，様々な感情を表す言葉を見付けて付箋に記入し，「気持ち言葉マップ」をつくる。

本時を含む4時間目以降は，担当教員と互いの経験したエピソードを話し，表情の違う人形や気持ちを表す言葉とマッチングしてそのときの気持ちを伝え合ったり，予想し合ったりする活動を行う。

また，本事例の個別指導では，毎時間の活動として，1週間の振り返りや言葉での表出をねらった「最近のお話」，学習態勢づくりや注意を向けて見たり聞いたりする「集中課題」，自分でやりたいことを選ぶことや勝ち負けにこだわらずに共通のルールで楽しむ「ミニゲーム」も行う。

■ 単元の指導のねらい

「気持ち」について関心をもち，自分の気持ちを振り返ったり，担当者と共有したりする活動を繰り返しながら，少しずつ自分の思いを伝えたり，他者の思いを受け入れたりす

る力を育てることをねらう。

■ 単元の評価の観点

・様々な気持ちを表す言葉に気付き，それらを使って自分の気持ちを表している。
・経験した出来事やそのときの気持ちを振り返って担当教員に話している。
・担当教員の話を聞き，エピソードから相手の気持ちを想像している。

■ 指導の実際 （4時間目）

1　準備する教材・教具

（1）　集中課題
・迷路プリント
・聞く集中課題
（2）　気持ち言葉クイズ
・気持ち言葉マップ（前時に作成）
・気持ち人形
（3）　ミニゲーム
・トランプ等のカードゲームやボードゲーム

2　本時のねらい

・よく見たり聞いたりすることを意識し，落ち着いて活動に取り組むことができる。
・自分の経験や気持ちを振り返って担当教員に伝えることができる。
・担当教員の話を聞き，気持ちを考えることができる。

3　指導の様子

（1）　本時の流れの確認
「今日の活動は，最近のお話，点つなぎ，聞く集中，気持ちクイズ，ミニゲームです」
「前回はたくさん気持ちの言葉を見付けたので，今日はその言葉を使って，気持ちのクイズをしますよ」

配慮事項
・活動の流れを板書し，見通しをもてるようにする。

（2）　最近の話
「この1週間にどんなことがありましたか？」

配慮事項
・話したことを共感的に受け止め，話す意欲を高める。

（3）　集中課題
「次は迷路プリントです。最後までよく集中して取り組んでください。分からないときには先生に伝えてくださいね」
「次は聞く集中です。最後までよく聞いて答えてください」
「分からなくなったら聞き直してください」
　三〜四つの言葉を聞いて最後に質問に答える課題に取り組む。
例：「ふくろう　なっとう　ふうとう」
　　「食べられるものは何？」

配慮事項
・分からないときは聞いてもよいことや，失敗してもやり直せることを知らせる。
・最後までよく見たり聞いたりして取り組めたときは十分に認める。

（4）　気持ち言葉クイズ
「先週は先生と一緒に気持ち言葉をたくさん見付けましたね」
　先週の気持ち言葉マップを見て，前時の振り返りをする。気持ち言葉マップに表情の人形を並べ，気持ちと表情のマッチングをする。
「この気持ち言葉を使ってクイズをします。

先生がどんな気持ちか当ててください」

　担当者がエピソードを話し，本児がそのエピソードに合う表情の人形と気持ちの言葉を選ぶ。話の中で気持ちの変化があったエピソードでは，その都度気持ちを予想する。

例：人前で話すのが苦手だが，発表する仕事
　　があった→「不安」「心配」。
　　発表するときは手に汗をかいた→「ドキ
　　ドキする」「緊張」。
　　無事に発表できた→「安心」。
　　拍手をしてくれた→「うれしい」

「次は，自分にあったことを話してください。どんな気持ちだったか，先生が考えます」

　本児がエピソードを話し，担当教員が人形と気持ち言葉を選ぶ。その答えを受けて本児が正解を話す。

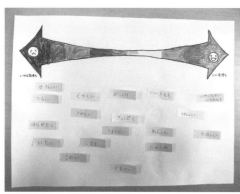

> **配慮事項**
> ・本児が選んだものが担当者の気持ちと違っていても，予想ができたことを認めながら，本当の気持ちを伝える。
> ・本児のエピソードを聞き，共感したり，詳しく聞いたりして共有する。

> ・気持ちを表す語彙を増やすため，会話の中で新しい気持ちを表す言葉が出てきた場合は付箋に書いて追加する。

（5）　ミニゲーム

「次はお楽しみのミニゲームです。やりたいゲームを選びましょう」

「勝っても負けても，最後まで楽しくできるといいですね」

> **配慮事項**
> ・「勝っても負けても楽しく」などのめあてを提示して振り返りをする。
> ・「ドキドキするね」「悔しいけれど，次はがんばろう」など，教員がモデルとなって気持ちを表出し，少しずつ本児からも引き出すようにする。

（6）　振り返り

「今日の振り返りをしましょう」

> **配慮事項**
> ・できたことやよかったことを認めて，次時に期待がもてるようにする。

4　次の単元に向けて

　次単元では，本単元での活動から更に深め，嫌な気持ちになったときの対処法や切り替え方，相手の気持ちを考えた関わりなどを担当教員と一緒に考えていくことをねらう。

　また，気持ちの表現や受容など個別の指導で少しずつ身に付いたことを小集団活動の中で生かせるようにつなげていく。

〔参考文献〕
・上野一彦監修，岡田智編著，中村敏秀，森村美和子，岡田克己，山下公司著『特別支援教育をサポートするソーシャルスキルトレーニング（SST）実践教材集』ナツメ社，2014年

〈村井　めぐみ〉

コミュニケーションと対人関係の構築に困難さのある児童への指導

通級指導教室に通う小学校 6 年生 2 名の小集団指導。2 名とも周囲とのコミュニケーションに苦手さをもっていることから、「周囲とのコミュニケーションの方法を知り、自分の気持ちや考えを相手に伝えることができる」という目標を設定した。

主とする自立活動の内容	
1	健康の保持　(1)　生活のリズムや生活習慣の形成に関すること。
2	心理的な安定　(2)　状況の理解と変化への対応に関すること。
3	人間関係の形成　(1)　他者とのかかわりの基礎に関すること。
6	コミュニケーション　(5)　状況に応じたコミュニケーションに関すること。

■ 対象学年・児童の様子

● 小学校 6 年生 A 児

・自閉症スペクトラムの診断がある。

・穏やかな性格で落ち着いて生活しているが、自分の意見を相手に伝えることが苦手で、グループ活動などで何も言えずに固まってしまうことがある。

● 小学校 6 年生 B 児

・起立性調節障害の診断がある。

・自閉症スペクトラムの疑いがある。

・生活のリズムが不規則で、朝起きられず遅刻や欠席が多い。自分の気持ちを相手に伝えることが苦手である。

■ 指導方法・指導時間

週 1 単位時間の 2 名で行う小集団指導と、週 1 単位時間の個別指導を行う。本事例では小集団指導を取り上げる。

■ 単元の計画 (8 単位時間扱い)

【単元名】自分の気持ちや考えを伝えよう

自分の気持ちや考えを相手に伝える。まずは、相手に気持ちや考えを伝えるための方法を身に付ける。その後、小集団の中で相手に気持ちを伝えることができる経験を重ねながら、通常の学級でもそれが生かせるようにする。

■ 単元の指導のねらい

本児は自分の考えや気持ちを相手に伝えることに苦手さをもっている。そのために学級の中で自分の心を開くことが難しく、自分の殻に閉じこもったり、登校を渋ったりする様子が見られる。

このような児童の実態から、自分の気持ちを相手に伝えたり、相手の話を聞いて気持ちを推察したりする方法を知り、コミュニケーションに対する困難さを少しでも軽減するという目標を設定した。

この指導目標を達成するために、本単元では個別指導と小集団指導を組み合わせて指導をすることとした。

個別指導では、ワークシートなどを用いて教員を相手にしながら、相手に自分の考えや気持ちを伝えるための方法を理解し、基本的なコミュニケーションスキルを身に付けることを中心に指導に当たる。

小集団指導では、個別で学習したコミュニケーションスキルを実際に使い、コミュニケ

ーションの大切さや楽しさを体験することを中心に指導に当たる。

　また，学級での小集団活動などで実践できるよう，在籍学級の担任と情報を共有しながら指導に当たり，少しずつできたという経験を重ねて自信をもてるようにする。

■ 単元の評価の観点

・自分の考えや気持ちを言葉で表現している。
・小集団の中で自分の考えや気持ちを相手に分かりやすく伝えている。
・学級の中で自分の考えや気持ちを伝えている。

■ 指導の実際 (4時間目)

1　準備する教材・教材

・ワークシート（「どんな気分かな？—はぐくみカード」）
・SSTボード「ゲームフレンドシップアドベンチャー」（クリエーションアカデミー）

2　本時のねらい

・前日の生活を振り返り，様子やそのときの気持ちを言葉で表現することができる。
・自分の考えを周囲に伝えることができる。

3　指導の様子

(1)　学習内容の確認とめあての記入

「『はぐくみカード』に今日の内容とめあてを記入しましょう。めあてはコミュニケーションに関することを記入しましょう」

配慮事項

・前方のホワイトボードに予定を記入しておき，確認した上で活動内容を記入するようにする（授業の流れとめあてを確認することで，今日やるべきことを明確にする）。

・コミュニケーションに関しためあてを記入するように言葉かけをする。

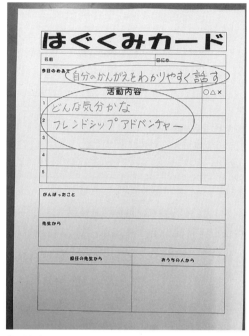

学習内容とめあてのワークシート

(2)　生活の振り返り

「どんな気分かな？カード」に記入しながら，

「お互いに教え合いましょう」

「聞きたいことがあるときには，質問をしましょう」

「質問に答えられないときには，答えられないことを伝えましょう」

　前日から登校するまでの出来事を振り返り，そのときの気持ちを話したり聞いたりする中で，相手の気持ちに共感したり，疑問点について質問したりすることでコミュニケーション能力を養う。

　B児に対しては，自分の生活リズムを振り返ることで，生活リズムを整えようとする力を養う。

生徒の振り返りワークシート

フレンドシップアドベンチャー

　自分の考えを相手に分かりやすく話すことができるようにする。

　相手の考えと自分の考えの相違点に気付き，疑問に感じたことについて聞いたりすることで，コミュニケーション能力を養う。

　カードに書いてあることについて考えて話をすることで，素早く適切に考えをまとめる力を養うことができる。

配慮事項
・・・・・・・・・・・・

・自分の考えを話すことが難しいときには，無理をせずパスをしてもいいことを確認する。

・否定するようなコメントは言ってはいけないことを確認する。

・できるだけ「いいね」「そう思う」などの相づちを言うように言葉かけをする。

配慮事項
・・・・・・・・・・・・

・相手に伝わるように工夫して話すように伝える。

・相手がうまく話せないときは，無理に話をさせないよう伝える。

・なかなか会話が続かないときは，教員が間に入り，話の流れをサポートする。

（3）「フレンドシップアドベンチャー」をする

「前回もやった『フレンドシップアドベンチャー』をやります」

「ルールを確認します。カードに書かれていることに対して答えにくいときはパスをしてもいいです。相手の答えに対して否定的なコメントはしません。同じ考えのときには相づちやコメントを言ってあげましょう」

「終わった後に感想を聞きますので，考えておいてください」

（4）互いによかった答えを教え合う

「今日の『フレンドシップアドベンチャー』でよかった答えをお互いに教え合いましょう。どういうところがよかったかも教えてあげるとお互いに嬉しいですね」

配慮事項
・・・・・・・・・・・・

・相手の気持ちを考えながら，教えても

らって嬉しいことを相手に伝えるように促す。

・一言ではなく，よかった点についてできるだけ教えてあげるように促す。

（5）振り返り

「今日の学習の感想を記入しましょう。最後に発表してもらいます」

「はぐくみカード」の学習内容に自己評価を記入し，最後に今日の感想を記入する。

配慮事項

・自己評価なので，素直に評価を記入するよう言葉かけをする。

・自分が今日一番頑張れたことについて簡単に記入するようにする。

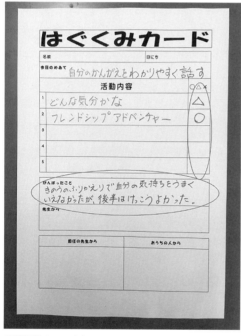

振り返りのワークシート

4　次の単元に向けて

本時でうまくできたこと，できなかったこと，また，学級の中でうまくできたことについて，個別指導の時間にマインドマップを使って振り返りをする。また，そこで考えたスキルを次回の小集団指導で使って学習をする。

（1）指導の成果

・指導を重ねることで，小集団の中では自分の意見や気持ちを話すことへの抵抗感が徐々に減ってきており，自信をもって楽しく会話をする様子が見られるようになってきた。また，相手に伝わるように工夫しながら話す様子も見られるようになった。

・登校渋りのある児童については，毎回自分の生活の振り返りをすることで，少しずつ生活リズムの改善が見られるようになってきた。

（2）指導の課題

コミュニケーションの方法や楽しさについて，小集団ではできるようになってきているが，在籍学級の中ではまだなかなか力を出すことができていない。今後様々な場面での般化が課題である。

〈八嶋　伸明〉

コミュニケーションに困難さのある児童への指導

A児は相手の気持ちを考えたり自分の考えを言葉にしたりすることが苦手で，B児は見通しをもつことに困難さがある。このような実態から，「人と関わるために必要なコミュニケーションの仕方を知り，やり取りができるようにする」という目標を設定した。

主とする自立活動の内容

2　心理的な安定　(1)　情緒の安定に関すること。
　　　　　　　　　　(2)　状況の理解と変化への対応に関すること。
3　人間関係の形成　(2)　他者の意図や感情の理解に関すること。
6　コミュニケーション　(5)　状況に応じたコミュニケーションに関すること。

■ 対象学年・児童の様子

●小学校3年生A児

　相手の気持ちを考えたり，自分の考えを言葉にしたりすることが苦手である。また，自分の思いが伝わらないときなどに相手に対して衝動的に押す，蹴るなどの行動を取ることがある。就学前に高機能自閉症と診断されている。

●小学校3年生B児

　見通しをもつことが難しく，初めてのことに対する抵抗感が強いため，学校行事や授業への参加が難しいことがある。また，手先や体全体の動きに不器用さも見られる。診断はないが，発達障害の疑いがあると専門機関から言われている。

■ 指導方法・指導時間

　週1単位時間の2対1で行う小集団指導。

■ 単元の計画 (8単位時間扱い)

【単元名】相手の気持ちを考えよう

■ 単元の指導のねらい

　「あいさつ」「自分に対して」「相手に対し

	学習活動	ねらい
①	えがおであいさつ	・表情の大切さを知る。 ・状況に応じた受け答えの言葉を知る。 ・挨拶を交わすと互いに気持ちがよいことを知る。
②	ふわっと言葉はまほうの言葉	・「ふわっと言葉」と「チクッと言葉」を知る。 ・「ふわっと言葉」と「チクッと言葉」の印象を知る。 ・「ふわっと言葉」を正しく使う。
③	すっきりトークでおたがいすっきり	・「攻撃的」「非主張的」「アサーティブ」の三つの言い方があることを知る。 ・アサーティブな表現を知る。
④	気持ちさがし	・いろいろな気持ちがあることを確認する。 ・一つの場面でもいろいろな気持ちが生じることを知る。
⑤	気持ちのひみつ	・気持ちの流れによって違う行動が生じることを知る。 ・気持ちは自分で変えられることを知る。
⑥	いらいら　どきどき　どうしよう？	・複雑に変化する感情に気付く。 ・それぞれの感情に対する対処法を知る。

⑦ (本時)	こまったとき は？	・困った状況にあることを相手に伝えるための方法を知る。 ・場と時に応じた助けの求め方を知る。
⑧	みんなで力を 合わせよう	・協力の必要性を知る。 ・実際に協力する方法を知る。

て」の三つの要素を柱として，児童が現在の学校生活とともに，社会に出ても活用できるソーシャルスキルを身に付け，人間関係力が育つようにする。

児童の実態から，「誘う，断る，励ます，説明する，質問するなど，人と関わるために必要なコミュニケーションの仕方を知り，通級による指導の場において，グループメンバーや通級指導の担当教員に対して，相手の心情を考えたやり取りができるようにする」という目標を設定した。

この指導目標を達成するためには，心理的な安定を図りながら，具体的に人との関わり方を身に付け，できることを増やしていくことが必要であることから，自立活動の内容から，「心理的な安定」の「(1) 情緒の安定に関すること」「(2) 状況の理解と変化への対応に関すること」，「人間関係の形成」の「(2) 他者の意図や感情の理解に関すること」，「コミュニケーション」の「(5) 状況に応じたコミュニケーションに関すること」を選定した。

これらの選定した項目を関連付けて，A児とB児の場合，少人数の安心できるグループで，人と関わる自信と意欲を育てながら，話し合ったり協力したりしながら進める課題に取り組むという具体的な指導内容を設定した。

■ 単元の評価の観点

・1単位時間ごとに，ねらいに沿った内容を振り返り，ワークシートに記入している。
・通級指導教室で学習した内容を，在籍学級で般化している。

■ 指導の実際

1　準備する教材・教具

・阿部利彦監修『U-SST　ソーシャルスキルワーク』日本標準

2　本時のねらい

・困った状況にあることを相手に伝えるための方法を知ることができる。
・ときと場に応じた助けの求め方を知ることができる。

3　指導の様子

(1)　あれ？　困っている人がいるよ（導入）

「イラストを見て，困っている人に○を付けよう」

> **配慮事項**
> ・イラストから，どんなときが困った状況なのかをイメージし，誰かに助けを求めるべきときを考えられるようにする。
> ・困っている状況が説明でき，理由がはっきりしていれば正解とする。
> ・互いの回答について話し合い，それぞれどんなことで困っているかまとめる。

(2)　どうして困っているのかな？（展開①）

「イラストの場面は，それぞれどんな様子を表しているのかな？」

「イラストの中のお友達になったつもりで，お友達がどんなことに困っているのかワークシートに書き込んでみよう」

配慮事項
・困った状況を解消していくために，何に困っているのか具体的に表現する練習をする。
・どんな状況のときに助けを求めればよいかを確認する。
・1枚目のイラストを使って，教員を含め3名で一度確認し，答え方について共通理解をする。

（3）　上手な頼み方を考えよう（展開②）

「この絵のように，ドアを開けてもらいたいときは，友達にどのように声をかければいいかな？」

配慮事項
・実際に助けを求める練習をする。
・人に物事を頼むときの台詞をイラストから考えて記入する。
・台詞を使って実際にロールプレイを行う。最初は教員と行い，慣れてきたら児童同士で行い，定着を図る。
・伝わり方についても確認し，声の大きさや台詞を言う速さ，言葉をかけるタイミングについて考える。話を聞く側の姿勢についても考え，物事を頼んでいる人が安心できるように，目線の位置などに気を付けるようにする。
・慣れてきたら「展開①」の内容でも

ロールプレイを行い，困ったことを伝えたり助けを求めたりできる場面を広げ，様々な場面で活用できるようにする。

（4）　一人で無理なときは……（展開③）

「それぞれの絵はどんな様子ですか？」
「このようなときには誰に助けを求めるといいかな？」

配慮事項
・誰に助けを求めたらよいか考え，学校生活における様々な困難な状況に対応できる力を付ける。

（5）　振り返り

学習した内容について，「気持ちメーター」の中で自分の気持ちに近いところに○印を付けて，児童の習得度を見る。

4　次の単元に向けて

発展的内容として，学校外でのトラブルや緊急を要するとき，どのように対処したらよいかについて考える。

　　例：家に一人でいるときに，知らない人から電話がかかってきたら……。

このような状況の対処方法を2名で話し合ってまとめる。友達と話し合ったことでよりよい方法が確認できたことを押さえ，次回学習するコミュニケーションスキル「人と協力すること」の意義と結び付ける。

〈菅井　康久〉

状況理解や心情理解に困難さの ある児童への指導

会話の内容や周囲の状況を読み取ることの困難さから，場に応じた言動が取れない児童がいる。本人の経験を基にした具体的な場面で，望ましい言動を明確に示すことで，在籍学級での生活を円滑に過ごすことができるようにする。

主とする 自立活動の 内容	2 心理的な安定 (2) 状況の理解と変化への対応に関すること。 3 人間関係の形成 (2) 他者の意図や感情の理解に関すること。 6 コミュニケーション (5) 状況に応じたコミュニケーションに関すること。

■ 対象学年・児童の様子

小学校4年生。

相手の気持ちや意図を推測することが苦手なため，その場にそぐわない内容やタイミングで発言してしまうことがある。自分の気持ちを表現することに苦手意識があり，気持ちを聞かれてもためらったり，端的に伝えられなかったりする様子も見られる。

■ 指導方法・指導時間

週2単位時間（90分）を，2〜3名で行う小集団指導と個別指導に分けて行う。事例では個別指導の一部を取り上げる。

■ 単元の計画 (4単位時間扱い)

【単元名】上手に気持ちを伝えよう

通級指導教室での様子や在籍学級での出来事から，本児の課題となるエピソードを整理する。そして教員が似たような場面の寸劇を行い，動画で記録しておく。

まずは自分から気持ちを発信する場面を取り上げ，状況把握の指導から始める。相手が他の人と会話している最中，または作業をしているタイミングは避けるようにし，緊急時以外は相手の活動が一段落してから声をかけるよう指導する。

その後，「謝るとき」「困っているとき」と，場面ごとの気持ちの伝え方や話型を指導し，ロールプレイを行う。

■ 単元の指導のねらい

場面を客観的に捉えることができるようタブレット端末を活用し，状況を読み取る力を身に付ける。また，コミュニケーションにおいて，絶対的な受け答えがあるわけではないことに留意し，小集団指導でも相手の状況をうかがう声のかけ方をスキルとして指導する。気持ちを伝えるための話型を身に付け，在籍学級で生かせるようになってきたら，本指導終了のめやすとする。

■ 単元の評価の観点

・話しかけてもよいタイミングを理解している。

・相手の気持ちや状況を考えようとしている。

・状況動画を見て，その場にふさわしい気持ちの伝え方を考えている。

・ロールプレイで，望ましい気持ちの伝え方を活用している。

■ **指導の実際**（1 時間目（15 分程度））

1　準備する教材・教具

・タブレット端末
・動画（教員の寸劇）

2　本時のねらい

・話しかけてもよいタイミングを理解することができる。
・ロールプレイで，「今，いいですか」と相手の状況をうかがう言葉を使うことができる。

3　指導の様子

「これから，三つの場面の動画を見ます。『話しかけてもよい』と思われるタイミングを考えましょう」

配慮事項

・自信がもてず消極的になりやすいことから，間違えてもよいことを伝える。

（1）　電話をしている場面（相手が会話中）

「一つめの場面です。今から 2 回動画を見せます。1 回めはタイミングを見付ける時間です。2 回めは動画を見ながら，話しかけてもよいと思われるタイミングで手を挙げましょう」

会話中

会話終了

配慮事項

・導入は，相手が会話を終了したタイミ

ングが視覚的にも分かる電話の場面を取り上げる。自信がもてるようにするとともに，「活動が一段落した」というポイントを児童の言葉から引き出すようにする。

（2）　図画工作の学習場面（相手が作業中）

「二つめの場面です。一つめの場面と同じように，タイミングを考えましょう」

作業中（後ろ姿のアングル）

作業中（正面からの予備アングル）

配慮事項

・実生活と結び付けるため，児童目線のアングルで動画を撮影する。
・児童がタイミングを見付けるまで，動画を何度見てもよいこととする。
・児童目線のアングルでの判断が難しい場合に備え，正面からのアングルも撮影しておく。その場合は「相手が正面を向くまで待つ」などの具体的な行動を示し，状況を確認するための手段を

指導する。

作業中（手は止まるが工具は持っている）

作業終了（工具を置いている）

「それでは，実際に声をかける練習をしまし
ょう。どのように声をかけるか，グループ学
習を思い出しましょう」

（3）　他の児童を指導中の場面

「最後の場面です。『話しかけてもよいタイ
ミング』がない場合は，『タイミングはあり
ません』と答えてください」

指導中の沈黙の場面

4　次の単元に向けて

　次単元では，相手の質問や聞きたいことに
対して，自分の考えを端的に伝えるための学
習をする。児童の発言を教員が書きとめ，そ
のメモを一緒に振り返りながら，話の要点を
絞るようにする。

〈長島　卓也〉

周囲の状況に合わせた言動に困難さのある児童への指導

周囲の状況に合わせた言動が苦手な児童である。同じ言動でも状況によって適切な行動か否かが変わることを知り，状況に合わせた適切な行動を具体的な場面を基に学び，在籍学級での活動で生かせるようにする。

主とする 自立活動の 内容	2 心理的な安定 ⑵ 状況の理解と変化への対応に関すること。 6 コミュニケーション ⑸ 状況に応じたコミュニケーションに関すること。

■ 対象学年・児童の様子

小学校2年生。

状況からやるべきことの重要度を読み取って行動することが苦手で，集団で移動するときに単独行動をしてしまったり，教員の全体への指示と別のことをしてしまったりすることが在籍学級で見られる。

■ 指導方法・指導時間

週1単位時間の3名で行う小集団指導と，週1単位時間の個別指導を行う。事例では小集団指導を取り上げる。

■ 単元の計画

【単元名】まわりの様子を見て行動を考えよう

具体的な場面を提示し，生じた出来事だけではなく，周りの様子や前後関係を見る大切さを理解する。また，活動の中で児童が周りの状況を見て善悪の判断を行い，在籍学級で適切な行動ができるようにする。

■ 単元の指導のねらい

児童の状況理解の不十分さの改善をねらいとして指導を行う。本児は，状況について共通概念や属性ではなく，外見的な特徴に気持ちが向きやすい傾向が見られる。状況について一つの事象にこだわらず，広く周りの状況を見て行動できるようにする。

多面的な解決方法に気付くことや優先順位を分かりやすくすることで，状況に適した行動を取れるようにする。

■ 単元の評価の観点

・適切な行動かどうかが，周囲の状況によって決まることを理解している。
・周囲の状況を把握し，適切な行動を考えて選択している。

■ 指導の実際

1 準備する教材・教具

・周囲の隠れる状況絵
・室内で投げても安全なボール（ビーチボール等）
・ドッジボールの中央のライン（細い養生テープ等）

2 本時のねらい

・適切な行動かどうかが，周囲の状況によって決まることを理解できる。

3　指導の様子

（1）　学習のねらいへの導入

「今日は，『よい，わるいを決めるには』という題で勉強をしていきます。みなさんは，『よい』とか『悪い』と言われることがありますか？」

（2）　状況絵から適切な行動を考える

「（状況絵を示して）どんなことが起きていますか？」

「これは，よいことだと思いますか？　悪いことだと思いますか？」

・「○○ならよいけれど，□□なら悪い」というように，児童が場面や状況を区別して話せるようにする。

（3）　状況絵の周囲の状況を見る

「周りの様子を見てみましょう（状況絵で隠していた周囲の状況を見せる）」

（4）　別の状況絵で適切な行動かを考える

「次の絵に行きます。どんなことが起きていますか？」

「これは，よいことだと思いますか？　悪いことだと思いますか？」

つくるようにする。

・周囲の状況により，よいか悪いかを児童が考えるときは，活動を止める。その場で座ることで，落ち着いて考えられるようにする。

・適切に判断できていたときには，即時評価をする。

・出来事（ドッジボールのラインを越えてボールを投げる）は同じだが，状況が異なる場面（①つまずく，②線を気にしていない等）を設定する。

配慮事項

・(2)，(3) と同様の進め方で行う。同じ活動をもう一度繰り返すことで，児童が自信をもち，安心して発言できるようにする。

(5) 状況絵を見て考えたことをまとめる

「どちらの絵でも，よいか悪いかを決めるときに大事なのは，どんなところでしたか？」

配慮事項

・児童から出た言葉「丸の中だけではなく，丸の外側を見る」等を板書する。それにより，次のまとめの言葉につなげるようにする。

(6) 活動で理解したことを実践する

「今日の『やってみよう』は，ドッジボールをします。ドッジボールの途中で，Aさん（T2）が，あることをします。それがよいか悪いか先生が聞きます。今日，勉強したように，周りのことを見て話してね」

配慮事項

・活動の中でT2が注目を集めた上で，児童がよいか悪いかを判断する状況を

(7) 振り返り

「今日の勉強の振り返りを行います。クラスで使えそうな場面や感想を教えてください」

配慮事項

・児童が在籍学級や日常生活へのつながりを意識できるようにする。

4 次の単元に向けて

次の単元では，相手の気持ちについて多面的に捉えられるような状況を基に学習を行い，相手の気持ちについて考えることを中心に，状況に合わせた言動を考える。

〈宇田 圭一〉

■ コミュニケーションに課題のある生徒への指導

コミュニケーションに課題のある生徒も，個別の指導を通して教員などの大人とのコミュニケーションの力は付けられるが，友達とのコミュニケーションや在籍学級での般化には課題が残る。小集団活動を通して，生徒間でのコミュニケーション力の向上を目指す。

> **主とする自立活動の内容**
>
> 3　人間関係の形成　(1)　他者とのかかわりの基礎に関すること。
> 6　コミュニケーション　(5)　状況に応じたコミュニケーションに関すること。

■ 対象学年・生徒の様子

中学校3年生A生，同B生，中学校2年生C生。

3名ともに在籍校において，同級生との会話や関わりに苦手さがある。A生は不登校傾向，B生は特別支援学級に在籍していたことから友達関係が希薄，C生は友達に対して一方的な関わりが多い。

3名とも大人（通級指導教室担当教員など）とは安心して関われるようになったが，通級による指導で身に付けた対人関係スキルを在籍学級では般化できずにいた。A生，B生，C生は全て他校通級生徒で，それぞれ別の中学校に在籍している。

■ 指導方法・指導時間

それぞれ，週2単位時間の個別指導と，月に1回，3名での小集団指導を行った。本事例ではその小集団指導を取り上げる。

■ 単元の計画

【単元名】グループ活動してみよう

それぞれが個別の指導時間で学んだ対人スキルを少人数の集団活動で試してみる。

他者のよいところを認めること，考えや気持ちを相手に伝えること，一人でできないときには手伝いを依頼すること，相手の立場に立ってどんな言い方をしたらいいかを考えること，などを生徒同士の関わりの中で経験する。その経験を積み重ねることで，在籍学級での同級生との関わりに生かせるようにする。

■ 単元の指導のねらい

個別学習の時間に，それぞれが行ってきた共通の取組を会話のきっかけとすることで，学んできた対人スキルを実際に同年齢の小集団で使う経験をする。その経験を通して，同級生との関わりに対して安心感や自信をもてるようにする。また，うまくいかなかったことがあれば，個別学習の時間にその原因や改善方法を一緒に考えていく。

少人数での指導後に，在籍学級での生徒の様子に何か変化が見られたかについて，学級担任と情報交換を行い，連携してそれぞれの生徒の課題改善に向けて指導を行う。

また，高校入学に伴う新たな人間関係構築を視野に入れ，通級による指導の終了まで継続的に小集団指導を行っていく。

■ 単元の評価の観点

・同年齢の生徒との関わりを楽しんでいる。
・相手が不快に思わない表現・行動をしようと心掛けている。
・自分の考えや気持ちを適切に伝えている。

■ 指導の実際 (小集団活動2回目)

1　準備する教材・教具

・それぞれが前時までに作成した We Do 2.0 LEGO® Education 作品
・ワークシート

2　本時のねらい

・自分がつくった LEGO® の作品について，相手に分かるように説明することができる。
・他者が話しているとき，最後まで集中して話を聞くことができる。
・他者がつくった LEGO® 作品のよいところを見付け，相手に伝えることができる。

3　指導の様子

(1)　めあての確認

「今日は，それぞれがつくった LEGO® の作品発表会です。テーマは『他の人がつくった作品のいいところを見つけよう』です」

> **配慮事項**
> ・どの作品も，それぞれの生徒が工夫を凝らし，一生懸命つくったものであることを確認する。
> ・今回のめあてはいいところ探しであることを強調・確認し，やってはいけないこと（他者の作品をばかにする，聞く態度が悪い，何も意見を伝えない）をホワイトボードに書く。

(2)　作品紹介

なまえ　　　　　　　　　　　｜
作品名
どんな作品
どんな場面
工夫した点
自己評価
相手の作品の名前
相手が工夫した点

① 自分の作品についての紹介

「まずは，自分の作品のがんばったところを他の人に紹介しましょう。誰から発表しますか？　最初に説明したい人？……」

> **配慮事項**
> ・自己評価までは個別学習の時間に記入しておく。
> ・C生が手を挙げて一番に発表したいということが予想された。積極的に発表する態度について称賛し，C生の自尊心を高め，心の安定を図ることで，プラスの発言を多く引き出すきっかけとした。A生とB生にとっては，C生の積極的な態度やプラスの発言内容がモデルとなることをねらった。

② 他者の発表を聞く

「では，Cさんの発表を聞きましょう。ではCさん，作品紹介をお願いします」
「ぼくの作品名は……」

発表に使った LEGO® の作品

・途中，ときどきうなずくことや，質問すること，発表を終えたタイミングで拍手するなど，個別学習の時間に学習したスキルを使ってみるよう促した。聞くことに集中するため，ワークシートは説明が終わってから書くことにした。

③ ワークシートの記入

「では，今の発表についてワークシートを記入しましょう。特に印象に残ったことや，すごいなあと思ったことなどを書きましょう」

（3） それぞれの作品への感想の発表

「では，お互いの作品の感想を発表し合いましょう。誰か最初に発表してくれる人はいませんか？」

C生が最初に発表することが予想された。C生の発表がモデルとなって，A生，続いてB生も相手の作品のいいと思ったところを発表することができた。

（4）振り返り

「今日の活動はどうでしたか？　今日はつくった作品のいいところを見付けて、お互いに伝えるというのがテーマでした。今日の活動を通して感じたことを、感想シートにまとめましょう」

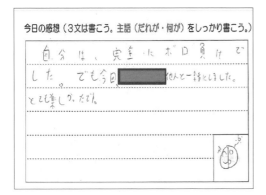

今日の感想（3文は書こう。主語（だれが・何が）をしっかり書こう。）

自分は、完全たボロ負けでした。でも今日▉▉さんと一緒にしました。とても楽しかった。

配慮事項

・「楽しかった」「またやりたい」などのプラスの感想は読み上げて、互いの関係向上や次回の小集団活動への意欲につなげる。

4　その後の活動

　今回の指導後も、定期的に3名での指導を行った。次回の指導は「それぞれがつくったLEGO®作品をつなげて、一つのストーリーにしよう」。

　以降、「ゲームのルールを話し合いで決めよう」「ロールプレイングで考えよう、こんな言い方でいいの？」「得意なゲームを相手に教えてあげよう」「調理実習〜3人で役割分担しよう〜」と続けていった。

5　生徒の変容

　それぞれの在籍学級からは、高校進学に意欲を見せるようになった、以前よりおどおどせずに過ごせるようになった、落ち着いて学校生活を送れるようになった、との報告があった。

　小集団での活動を重ねていくにつれ、通級による指導の場においては、担当教員の仲介やサポートなしでも生徒同士の会話が成立するようになった。

　また、B生は在籍学級での適応がよくなったとの判断から、その後通級による指導を終了した。

　C生は、A生やB生を「先輩」と呼び、敬語を使って話しかける様子が見られるようになった。また、保護者や在籍学級の担任からは、小集団指導を通して「先輩・後輩」の関係を理解することができたようだとの報告があった。

6　中学卒業後の生徒の様子

　A生は高校進学後、休まず登校できている。クラスに友達もでき、アルバイトもしながら毎日楽しく学校に通っていると保護者から連絡があった。

　B生とC生も高校に進学し、新たな人間関係を構築できたようである。特にA生とB生は、小集団指導によって、高校で人間関係を構築できるだろうかという不安が軽減されたと言って卒業していった。

　小集団指導による人間関係の形成が高校進学後の本人たちの自信につながったのではないかと考える。

〈伊藤　陽子〉

算数の学習に困難さのある児童への指導

かけ算九九は，わり算や面積の求め方などの学習の基礎であるが，2年生で覚える内容の定着が困難で，学年が進んでも困っている様子が見られる児童がいる。そこで，九九の暗唱や意味の理解を指導することで算数学習への苦手さを軽減し，学習に自信がもてるようにする。

主とする自立活動の内容

2　心理的な安定　(3)　障害による学習上又は生活上の困難を改善・克服する意欲に関すること。

4　環境の把握　(5)　認知や行動の手掛かりとなる概念の形成に関すること。

■ 対象学年・児童の様子

小学校3年生。

かけ算九九を覚えきれていないために，授業中は，九九表を見ながら計算をしている。答えを探すのに時間がかかり，見間違いも多く，計算に取り組む気持ちが低下している。言葉の不明瞭さもあり，4の段と7の段は混乱してしまうこともある。九九の式の意味の理解もできていない様子がある。

■ 指導方法・指導時間

1単位時間の個別指導を週に2回行う。

■ 単元の計画 (10単位時間扱い)

【単元名】おぼえちゃおう　かけ算九九

2の段から9の段までの九九を覚えて意味が理解できるようにする。歌，カード，具体物，タブレット端末，プリント学習などの教材を使いながら，見通しをもち，楽しみながら取り組めるようにし，覚えようとする意欲がもてるようにする。

■ 単元の指導のねらい

4の段や7の段などが曖昧になるため，か

け算に振り仮名を付けて，正確な唱え方が定着するようにする。具体物などを使うことで，いくつずつ増えていくのかが操作を通して理解できるようにする。立式につなげられるように穴埋めプリントを使う。かけ算のカードゲームを行い，楽しく学習できるようにする。

また，興味のあるタブレット端末の九九アプリを使い，音声とイラストから覚えられるようにしていく。簡単な文章問題を読み取り，絵や図にかき，立式することができるようすする。

九九の定着ができるように，単元が終了しても確実に定着するまで，繰り返し練習する時間を設ける。

■ 単元の評価の観点

・かけ算九九を暗唱している。

・かけ算九九のきまりを理解している。

・具体物を操作してかけ算の立式をしている。

・簡単な文章問題から絵や図にかき，立式している。

■ 指導の実際 (3時間目)

1　準備する教材・教具

・かけ算九九表（学研教育みらい）

・九九の歌（自校で使っているもの）

・1袋に4個入った紙粘土のカップケーキ（自作）

・かけ算九九カードゲーム（学研教育みらい）

・無料アプリ「くくのトライ」

・穴埋め問題プリント（自作）

・文章問題プリント（自作）

2　本時のねらい

・4の段を暗唱することができる。

・具体物を見ながら立式することができる。

・かける数が1増えると4つずつ増えることに気が付くことができる。

・簡単な文章問題を読み，絵や図にかき，立式し，計算することができる。

3　指導の様子

（1）　今日の学習のめあての確認

「今日の学習のめあては，『4の段のかけ算九九をおぼえちゃおう』です」

> **配慮事項**
>
> ・今日の学習の流れを黒板に順番にかき，確認する。

（2）　かけ算九九の歌

「前に覚えた2の段と3の段，そして今日覚える4の段まで歌いましょう」

　九九の歌は，2年生の学習時に歌った聞き覚えのあるものを選ぶ。

「かけ算に平仮名が書いてあるから，読み方をよく見てね」

> **配慮事項**
>
> ・4の段がはっきりと言えないため，ゆっくり，はっきりと発音し，振り仮名を指し示して一緒に歌うようにする。

（3）　カップケーキを数える

「カップケーキをたくさん用意しました」

「1つの袋にいくつ入っているかな？」

「4つだよね」

「では，2袋になると何個あるかな？」

「だんだん増えるよ。3袋では何個かな？」

「1袋に4つ入りのカップケーキが3袋あります。かけ算の式にできるかな？」

「4の段のかけ算を使うと，何個あるかを簡単に数えられるね」

「今度は，1袋に4つ入りのカップケーキが4袋あるよ。3袋からいくつ増えたかな？」

　具体的な教材を使い，立式につなげ，かけ算の意味が理解できるようにする。

> **配慮事項**
>
> ・カップケーキが4つで1袋にまとまっていることに気付けるようにする。

・9袋になるまで児童の前に置く。数え足し（4+4+4+……）や1つずつ数えていたら，もっと早く簡単に計算できないかを考えるようにする。
・かける数が1増えると4つずつ増えることを理解できるようにする。
・かけ算の式を口頭で答える。

（4） 4の段の九九カードゲーム

かけ算九九カードゲームから「式・答えカード」と「絵カード」の2種類を取り出し，カード並べゲームをする。

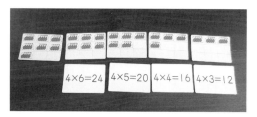

「4×5」になるカードを中心に置き，トランプの七並べのように，隣にくるカードを並べるゲームをする。
「この絵カードと式カードでゲームをしましょう」
「この絵は，フライドチキンが4つずつ箱に入っているね。だから，4の段のかけ算で何個あるかが分かるね」
「先にカードがなくなったほうが勝ちだよ。カードを出すときは，式と答えを声に出してから置かないとお手つきになるよ」
式カードと絵カードを合わせて置くことで，式の意味を理解しながらゲームをする。
片付けるときも順番に4の段を声に出しながらカードを集めていく。

配慮事項
・勝ち負けよりも4の段が上手に言えたことを評価する。

・答えなしで式のみのカードを使ってゲームをすると，答えを覚えたかが確認できる。

（5） タブレット端末の使用

児童が興味のあるタブレット端末のかけ算九九アプリを利用して，覚えられたのかを確認する。
「タブレット端末を使って練習しよう」
「正解してポイントが貯まるとキャラクターが進化していくよ。がんばってね」

間違えても気にしないことを伝えて，正しい答えをすぐにフィードバックする。

（6） プリント学習
① 九九の穴埋め問題

4の段の簡単な文章問題を読み取り，絵や図にかいて，計算ができるようにする。
「4の段をばっちり覚えたね」
「かけ算のプリントを2枚してまとめにしましょう」
「空いているところの数を書いてください。式を声に出して読みながら数字を書きましょう」

配慮事項
・3年生のわり算につながるように，かける数を当てはめてかけ算の式にでき

るプリントにした。

② 文章問題

「文章問題を読んで，絵にかいてから，かけ算の式にして答えをかきましょう」

4　次の単元に向けて

九九の習得は，児童にとって大きな自信となり，3年生のわり算の習得にもつなげることができる。忘れないように繰り返し練習するように励まして，覚えられたという達成感をもてるようにし，学習や生活への意欲につなげたい。

〈今関　裕惠〉

1つの　はこに　4こずつ
みかんを　入_いれます。
6はこでは　何_{なん}こになりますか。

絵や図_{えず}でかきましょう。

式　4×6＝24

答え24こ

文字の読み書きに困難さのある児童への指導

平仮名は習得できても，拗音や促音などの習得に困難さがあると，音読や内容の理解にも困難さが見られることがある。ゲームの要素を取り入れて楽しく読み書き学習を積み重ねることで，読みに対する自信を付け，学習意欲を高めるようにする。

主とする自立活動の内容

2 心理的な安定 （1） 情緒の安定に関すること。
4 環境の把握 （4） 感覚を総合的に活用した周囲の状況についての把握と状況に応じた行動に関すること。
6 コミュニケーション （3） 言語の形成と活用に関すること。

■ 対象学年・児童の様子

小学校3年生。

認知特性としては，WISC-IV発達検査の結果，知覚推理に弱さが見られるものの，その他は平均程度であった。

読み書きスクリーニング検査の結果，読みでは，読み飛ばし，読み間違い，音節の区切りに誤りがあることが分かった。教科書教材の文章の音読は概ねできるが，初見の文章では読みがたどたどしく，内容の理解が難しい。書きでは，特殊音節，片仮名に苦手さがあり，文字想起全般に時間がかかる。また，書く作業に時間がかかり，字の形が整わない。

視知覚検査では，視知覚・目と手の協応に弱さが見られた。

授業中は集中できず，離席も見られる。家では，宿題や習い事など苦手なことに拒否反応を示すこともある。

■ 指導方法・指導時間

週1単位時間の個別指導と月1/2単位時間のペア学習を行う。事例では個別学習を取り上げる。

■ 単元の計画 （7単位時間扱い）

【単元名】 すらすら読みに挑戦しよう

・特殊音節の音と文字の関係を動作化や視覚化によって覚える。
・特殊音節の単語を正しく選んだり素早く読んだりする。
・特殊音節の言葉を書く。
・フラッシュカードを利用して単語を読む。
・複数の言葉の羅列から，言葉をまとまりとして捉えながら読む。
・短文を言葉のまとまりを意識しながら読む。
・言葉の意味を知り，例文をつくる。

■ 単元の指導のねらい

まず，文字と音とが一対一で対応していない特殊音節のルールを習得し，特殊音節の入った言葉を素早く正確に読む練習をする。

次に，文字列から言葉のまとまりを見付けてスムーズに読むことができるようにする。それと並行して，語彙指導を行い，文章の内容理解につなげる。

それらの学習を積み重ねることにより，文章の読みが流暢になり，内容理解が高まることで読みに対する自信が高まることを目指す。

■ 単元の評価の観点

・特殊音節（促音，拗音）の言葉をスムーズに読み，正確に書いている。
・文章を読む際，1文字ずつ音に変換するのではなく，固まりとして言葉を捉えている。
・2年生程度の文章を初見で流暢に読み，内容を理解している。

■ 指導の実際 (2時間目)

1　準備する教材・教具

・ひらがな50音表（濁音・半濁音・拗音を含む）
・海津亜希子編著『多層指導モデルMIM 読みのアセスメント・指導パッケージ』学研教育みらい，2010年
・竹田契一監修，村井敏宏，中尾和人著『読み書きが苦手な子どもへの「基礎」トレーニングワーク』明治図書出版，2010年
・特殊音節文字カード
・ブラックボックス
・ヒントのイラスト（自作）
・竹田契一監修，奥村智人，三浦朋子著『「見る力」を育てるビジョン・アセスメント「WAVES」』学研教育みらい

2　本時のねらい

・拗音のある単語を正しく選ぶことができる。
・特殊音節のある単語を読むことができる。
・拗音のある単語を部分抜けプリントで完成させることができる。
・身の回りから拗音のある言葉を見付けることができる。

3　指導の様子

（1）　めあての確認

「今日はねじれた音の学習をします。めあては『すらすら読めるようになろう』です」

（2）　集中トレーニング

① ビジョントレーニング

「はじめに，見るトレーニングをします」
「目の運動と点つなぎをします」

② 聞くトレーニング

「次に，聞くトレーニングをします」
「言葉の中の音をよく聞いてくだい」

（3）　お話タイム

「今日のお話タイムは『アドジャン』です。2学期のことをお話します。やり方は……」
「○番と□番の質問には，理由も話せるといいですね」

（4）　読むトレーニング

「ねじれた音の言葉がすらすら読めるようにがんばりましょう」

① 絵に合う言葉を選ぶ

　『MIM』のカードを活用する。

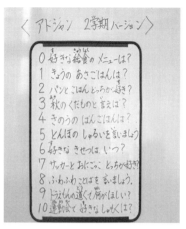

（5）振り返り

「絵の言葉の名前はどれかな？　三つの中から正しく書かれているものを選んでね」

「まず，絵の言葉を声に出して言います」

「次に，手の動きを付けながら言います」

② フラッシュカードの言葉を読む

「時間内にできるだけたくさん読むようにがんばりましょう」

③ 拗音を入れるワークシートに取り組む

『読み書きが苦手な子どもへの「基礎」トレーニングワーク』を活用する。

④ 特殊音節の言葉カードでビンゴゲームをする

「『ねじれた音ビンゴゲーム』をします」

「『しゃ』『しゅ』『しょ』……のねじれた音のカードの中から9枚選んで，9マスにそのカードを1枚ずつ置いてください」

「次に，ブラックボックスの中から交替にカードを引きます。引いたカードを読み，その音の付く言葉を言いましょう」

「『きゅうり』の『きゅ』のように，もしそのカードがビンゴシートにあったら裏返してください」

「今日の振り返りをしましょう」

4　次の単元に向けて

　次単元では，読む際の工夫（指なぞり，言葉の区切りへの線引き，ガイドの活用等）や，語彙を増やすための学習（絵カードでゲーム，読み聞かせ，クロスワード，おはなしビンゴ等）を取り入れ，100〜200字程度の文章を読んで内容が理解できるようにする。

〈村元　康子〉

漢字の読み書きに困難さのある児童への指導

話すことが好きで，人に優しく，持久走が得意な児童である。反面，初見の文章の読みがたどたどしく，漢字の形がうまく取れなかったり，覚えられなかったりする。漢字の読み書きの課題を改善することで，学習意欲を高める実践である。

主とする 自立活動の 内容	4　環境の把握　(2)　感覚や認知の特性についての理解と対応に関すること。
	2　心理的な安定　(3)　障害による学習上又は生活上の困難を改善・克服する意欲に関すること。

■ 対象学年・児童の様子

小学校2年生。

本児には，言葉を単語のまとまりとして捉える力の弱さがある。ワーキングメモリーが低く，目と手の協応動作が難しく，手先の不器用さもある。そのため，読み書きに困難を抱えている。できないことが積み重なり，自己肯定感が低くなる可能性がある。

■ 指導方法・指導時間

週1単位時間の個別指導である。

■ 単元の計画 (9単位時間扱い)

【単元名】うきうき漢字練習

2年生の漢字は，象形が多い1年生と比べ，覚える漢字の数も増え，漢字1文字の画数も多くなっている。

漢字を書くことが苦手な本児が，本児なりの覚え方を身に付けられるようにしたい。

「うきうきかん字れんしゅうプリント」（竹田契一監修，村井敏宏，中尾和人著『読み書きが苦手な子どもへの「基礎」トレーニングワーク』明治図書出版，2010年）を基に特徴的な漢字を自分が覚えやすいパーツに分け

て覚えていく単元を計画した。

第1時　漢字パーツ表，漢字（晴，雪，絵）

第2時　曜，聞，教

第3時　思，買，場

第4時　数，海，魚

第5時　紙，形，線

第6時　週，近，前

第7時　読，話，細

第8時　21漢字復習クイズ

第9時　覚えたい漢字3つを自分で決め，実際に分けてみる。

■ 単元の指導のねらい

本単元の中心的なねらいは，「漢字をパーツに分けて覚える」（パーツの足し算）という覚え方を身に付けることにある。

また，漢字を覚える力の基礎となる様々なトレーニングは，毎回続けることが必要である。

したがって，1単位時間の中で，前半はいくつかの活動を毎回組み合わせ，後半に「うきうき漢字練習」を行った。

漢字をパーツに分けて覚える方法がある程度身に付いたところで本単元を終了し，次の

単元「同じなかまの漢字を探そう」に進む。

■ 単元の評価の観点

・漢字をパーツに分ける覚え方を身に付け，自分でパーツに分けている。

■ 指導の実際

1 準備する教材・教具

・「うきうきかん字れんしゅうプリント」1枚（115％に拡大し，A4判にした）
・「漢字パーツ表」と「使用例」のコピー（ボール紙の表裏に貼り，毎回使用する）
・漢字カード3枚（「晴」「雪」「絵」）

2 本時のねらい

・漢字は，パーツに分けて足し算をすると覚えやすいことが理解できる。
・書く活動の土台となるトレーニングに意欲的に取り組むことができる。

3 指導の様子

（1） 常時活動・トレーニング

① お話をしよう

児童が学校や家庭での出来事を話す。それを聞きながら教員がホワイトボードに板書する。その後，児童が板書を原稿用紙に写す。

> **配慮事項**
> ・100字プリント（1.6cm×1.6cmマス）を用意する。短くまとめ，写すときは単語のまとまりごと覚えて書くようアドバイスする。

②「聞く聴くドリル」に挑戦

本時は，「どっちへすすむ」という内容で，CDから流れる音声（「たけのこ」「かに」など）を集中して聞き，1マスずつ進みゴールにたどり着く活動である。

〔参考〕
・和田秀樹監修，村上裕成著『きくきくドリル』シリーズ，文英堂，2016年

③ ことばプリントに挑戦

平仮名や片仮名が3つ書かれているところに，単語の区切りの線を2本入れる学習である。1枚35問あるが，上段の14問だけのタイムを計り，繰り返しチャレンジする。

〔参考〕
・海津亜希子編著『多層指導モデルMIM　読みのアセスメント・指導パッケージ』学研教育みらい，2010年

④ トランポリンキャッチボール

⑤ ピンポン突き

④と⑤は，「目と手の協応」を高めるトレーニングである。④は10回行い，⑤は毎回，回数を記録していく。前回5回だったA児は，9回できて嬉しそうだった。

（2） うきうき漢字練習

① 導入

「休む」という字を黒板に書き，
「この漢字を分けることできるかな？」
と聞いたところ，
「片仮名の『イ』と漢字の『木』に分けられるよ」
と答えた。
「そうだねえ。2つに分けられるね。よく知ってるねえ」

と褒めた。

②「パーツ表」の説明

すかさず、「パーツ表」を分け、
「片仮名の『イ』は、『にんべん』っていうんだよ」
と教えた。
「あ、聞いたことある」
という反応だった。

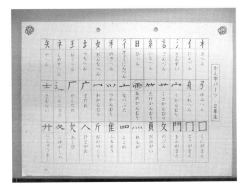

③ 3文字の漢字をパーツ分けする

2年生に習った漢字で、比較的パーツに分けやすく、パーツにも意味のある3文字を選んだ（晴、雪、絵）。これを白ボール紙に書き、1文字ずつ考えていった。

配慮事項
・「あめかんむり」と「雨」の違いについても扱うようにする。

「この漢字（晴）は、何に分けられる？」
「日曜日の『日』と『青』に分けられるよ」
「そうだねえ。2つに分けられるね。この左の日のことを『ひへん』って言うよ。このパ

ーツ表にあるね」
「じゃあ、『うきうきかん字れんしゅうプリント』に3つずつ書いてみよう」

本児が書いたプリントが以下のものである。上段の漢字は、事前に担当者が書き込んでおいた。

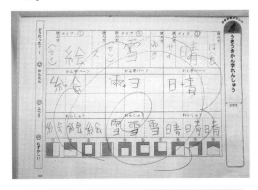

配慮事項
・プリントの中段でパーツに分けるとき、マスとマスの間に「＋（たす）」の記号を書くようにすると分かりやすい。また、3回ずつ書いているとき、部首やパーツを唱えながら書くとなおよい。

（3）振り返り

「うきうき漢字練習は、どうでしたか？」
「漢字は、分けると覚えやすいって思った。あめかんむりを覚えたよ」

4 次の単元に向けて

次の「漢字のなかまをさがそう」の単元では、「さんずい」「いとへん」「しんにょう」「ひへん」「ごんべん」などの分かりやすい部首で漢字の仲間を探していく活動に取り組む。

〔参考文献〕
・夏目徹也著『[小学校]通級指導教室　発達障害のある子を伸ばす！指導アイデア』明治図書出版、2017年

〈櫻井　弘幸〉

書字や運動の困難さから苦手なことに取り組もうとしない児童への指導

文字のバランスが取りにくいため漢字を正確に覚えることが苦手だったり，自信のない運動には取り組まなかったりする。本人の意欲を大切にしながら見る力を高め，在籍学級での学習に向き合えるようにする。

主とする自立活動の内容
5　身体の動き　(5)　作業に必要な動作と円滑な遂行に関すること。
2　心理的な安定　(2)　状況の理解と変化への対応に関すること。

■ 対象学年・児童の様子

小学校3年生。

文字のバランスが取りにくかったり，漢字を正確に覚えること苦手だったりと，書くことへの抵抗が大きいため，授業中は集中する時間が短い。また，キャッチボールや縄跳びで目と体を上手に協応できず，運動など自信のないことには取り組まない傾向がある。

■ 指導方法・指導時間

週1単位時間の2名で行う小集団指導と，週2単位時間の個別指導を行う。事例では個別指導を取り上げる。

■ 単元の計画 (3単位時間扱い)

【単元名】よく見て書こう・よく見てやろう

見る力を高めることと，今後在籍学級で行う縄跳び運動に取り組む。

具体的には，見る力を高めるために，目の体操や細部までよく見て漢字を探す活動を行う。また，在籍学級で取り組む前交差跳びでは，動きのイメージがつかめるよう細分化して行い，事前に取り組むことで心理の安定を図る。

■ 単元の指導のねらい

目の体操をしたり，漢字の画数やパーツに着目したりすることで見る力を高める。漢字を細部まで見る活動では，在籍学級で学習している漢字を用いてクイズをつくることで本人の興味・関心を引きながら見る力を高めることができるようにする。また，「よく見る（目と体のチームワーク）」ために，縄跳び運動を行う。

更に，学習中に気持ちが向き合えないときには，自分の気持ちを話して気持ちの切り替え方を学び，在籍学級で生かせるようにする。

■ 単元の評価の観点

・指の動きに合わせて目を動かしている。

・漢字を細かいところまで見ている。

・前交差跳びを1回跳んでいる。

■ 指導の実際 (2時間目)

1　準備する教材・教具

・プリント（数字探し，線なぞり）

・漢字クイズ（漢字探し1・2・3）

・罫線入りの漢字練習プリント

・自作投影機，掲示用キーワード，タブレッ

ト端末

2　本時のねらい

・漢字を細部まで見て，正しい漢字や間違えている漢字を見付けることができる。

・罫線の入った2cmのマスの中（始点入り）に，漢字を書くことができる。

・ジャンプをした後，手を交差させて，落ちた縄を飛び越えることができる。

3　指導の様子

（1）　学習の始まりの挨拶とめあての確認

「背筋と指先をピンと伸ばし，先生の顔を見て挨拶をしましょう」

「前回と同じように目の体操と漢字さがし，ピッタリ漢字，前交差跳びをします」

「めあては，よく見ることです。漢字をよく見て間違いを探し，縄跳びの縄をよく見て跳びます。さあ，がんばりましょう」

「今日のがんばりをポイントで表し，最後に計算しようと思います。がんばりポイントをたくさん貯めましょう」

> **配慮事項**
> ・挨拶の際には，ボディイメージが育めるよう背骨の位置や指先に意識を向けるようにする。
> ・めあてを意識できるよう，板書をして児童と一緒に確認する。
> ・見通しがもてるように学習内容を掲示する。
> ・各課題をポイント化することで，がんばった自分に気付けるようにする。

（2）　目の体操

① 曲に合わせて目を動かす

「『かたつむり』の曲に合わせて目を動かします。目だけを動かすように気を付けてね」

顔は固定をして，目だけを動かして指先を

見るようにする。指先に視線を合わせて維持することで，目を使うことや視線を合わせることを意識する力を養う。

② 数字を順に追う

「1から20があります。1から順番に数字を見付け，『1』『2』と声を出しながら指でタッチします。できるだけ速くしましょう」

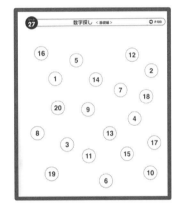

数字から数字へと視線を移動させることで，目的の場所へ素早く目を動かす力を養う。

③ 線をなぞる

「はじめに，スタートからゴールまで指で線

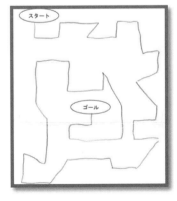

児童がなぞったもの

をなぞりましょう。線からはみ出さないように気を付けましょう」

「今度はスタートからゴールまで線を鉛筆でなぞりましょう。曲がり角では一度止まるといいですよ」

線に合わせて視線を維持する力を養う。

（3）　よく見て漢字を探す

① 漢字探し1

「漢字がたくさん書いてあります。でも，1つだけ間違えている漢字が混じっています。間違えている漢字を探してもらいます」

「間違えている漢字が見付かったら，どこが間違えているか話してください」

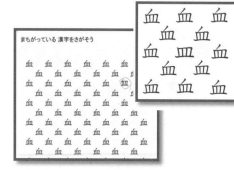

（文字を変えたプリントをあと4枚実施）

② 漢字探し2

「いろいろな向きに漢字が並んでいます。『第』という漢字がいくつあるか見付けて○で囲んでください。似ている漢字が混じっていますので，よく見てくださいね」

（文字を変えたプリントをあと3枚実施）

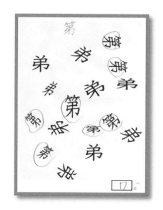

③ 漢字探し3

「たくさんの漢字の中から『拾う』という正しい漢字を見付けて色を塗りましょう」

「色を塗ると，何か文字が出てきましたね」

（文字を変えたプリントをあと2枚実施）

　間違えている漢字や正しい漢字を見付けることで，細かい部分までよく見る力や正しい文字を認識する力を養う。

（4）　ピッタリ漢字

「見ることがとっても上手になったので，今

度は漢字を書きます。今，国語で学習している５つの漢字です」

「キーワードは『どのマス，どこから，どちら向き？　どこまで進む？』です。点線で区切られている小さな４つのマスの，どのマスからからスタートするかな？　画はどちらの向きに，どれくらい進んでいるのかよく見て書きましょう」

「文字が書けたら，先生が作った投影機の上に紙を載せて，お手本と出来映えを比べてみよう。ここはもうちょっとだなと思ったら，消して直してもいいですよ」

キーワードを用いることで，始点や画の長さなど細部まで見る力を高めたり，漢字を「車」「又」「土」というように色分けすることで，パーツごとに見る力を養ったりする。

> **配慮事項**
> ・注意すべき観点が明確になるようキーワードを提示する。
> ・漢字をパーツごとに捉えることができるよう，色分けした手本を使う。
> ・手本の上に自分の書いた漢字を重ねることで，出来映えを自分で感じ取り，修正点に気付けるようにする。

（5）　前交差跳びの練習

「たくさん勉強したから，今度は体を動かそう。交差跳びをするよ。２回跳んだらおへその前で手をバッテン。縄跳びのキーワードは『手はおへその前』です」

教師が手本を見せ，ゆっくり縄を回して，手をへその前で重ね合わせる動作をする。

「交代をして，Ａさんがやってみよう」

ジャンプ２回に合わせて，「手は」「おへその」と言葉をかけ，「前」のときに手を交差させるようにする。

> **配慮事項**
> ・必要であれば，友達が跳んでいる動画をスロー再生し，一連の動きを視覚で捉えられるようにする。
> ・自分の跳んでいる動画を見ることで，動きを客観的に捉えて修正したり，上達している点に気付くことができたりするようにする。
> ・キーワードと動きを関連付ける。

（6）　振り返り

「今日の振り返りをしましょう。今日は大きく分けて４つの学習をしました。それぞれのポイントを足して28ポイントでしたね。とってもがんばりました」

「今日のめあては『よく見る』でしたが，どうでしたか？」

> **配慮事項**
> ・課題ごとのポイントを集計し，数値化することでがんばりを実感できるようにする。
> ・めあてに即して称賛し，できたこと，がんばったことを具体的に伝える。

4　次の単元に向けて

次単元では，目の体操は内容を変えて継続して行い，目と体を連動できるようなボール運動に取り組むようにする。

〔参考文献〕
・北出勝也監修『発達の気になる子のビジョントレーニング』ナツメ社，2015 年

〈齋藤　真由美〉

読みが苦手で学習への意欲や自信が低下している児童への指導

読みの困難により学習内容の理解につまずき，意欲や自己肯定感が低下し，学習全般において消極的になる児童がいる。本人の意欲を大切にし，認知特性の強みを生かしながら漢字を含む単語や文章を読む力を高め，学習や情報獲得の機会を失わせないようにする。

主とする自立活動の内容

4　環境の把握　(4)　感覚を総合的に活用した周囲の状況についての把握と状況に応じた行動に関すること。

2　心理的な安定　(3)　障害による学習上又は生活上の困難を改善・克服する意欲に関すること。

■ 対象学年・児童の様子

小学校3年生。

1年生の12月に，「知的能力や他の認知尺度に比べ，文字の読み書きの困難さが著しい」ということでLDの診断を受けている。逐字読みで漢字の読みが難しく，学習内容の理解が困難になり，学習への意欲や自信が低下しがちである。

■ 指導方法・指導時間

週2単位時間（30分×2）。前半は個別指導，後半は2～3名で行う小集団指導。

■ 単元の計画 (6単位時間扱い)

【単元名】 物語「わすれられないおくりもの」を楽しく読もう

読みの速度を上げることに主眼を置き，教室での学習に自信がもてるよう，国語教科書の音読に予習として取り組む。また，平仮名の単語をまとまりとして捉える練習や，漢字の意味と形を結び付けながら覚えられるよう「漢字すごろく」や「漢字なぞなぞカルタ」遊びを行う。

■ 単元の指導のねらい

本児の認知特性である「聞いて理解し，話して表現する力の強さ」を生かしながら読みの学習を進める。読みの教材に，すごろくやなぞなぞ，漢字カルタ等，遊びの中に文字を読む過程を含むものを取り上げ，「読むことは楽しい」と感じながら学習や情報獲得への意欲を育てる。

■ 単元の評価の観点

・物語文の範読を聞いて内容を理解し，自分で文章や漢字を読んでいる。

・平仮名の特殊音節や文章を流暢に読んでいる。

・友達とカードの文字を読み合いながら，漢字ゲームや言葉遊びを楽しんでいる。

■ 指導の実際 (1・2時間目)

1　準備する教材・教具

・国語教科書

・スーザン・バーレイ作・絵，小川仁央訳『わすれられないおくりもの』評論社，1986年

・海津亜希子編著『多層指導モデルMIM

読みのアセスメント・指導パッケージ』学研教育みらい，2010 年

・このみひかる著『ぴょこたんのなぞなぞ漢字カード』PHP 研究所，2012 年

・2年漢字読みすごろく（自作），サイコロ

2　本時のねらい

・物語文のあらすじを聞いて理解できる。

・読めない漢字を文中から見付け，すごろくやカルタで遊びを通し，漢字の意味と読みを結び付けながら覚えることができる。

3　指導の様子

（1）　めあての確認（個別指導）

「今日は，先生が教科書の物語文の原作を読むので，聞きましょう。めあては『読めない漢字に線を引き，あらすじを知ろう』です」

配慮事項

・新しい教材文への興味がもてるよう，原作の絵本を見せる。

（2）　平仮名の読み：MIM 特殊音節の読み課題「3つの言葉探し」（個別指導）

「平仮名を早く読む練習をします。1列に3つの言葉が隠れているので，できるだけ早く2本の線で区切りましょう」

配慮事項

・文字列から単語のまとまりを見付ける練習として，毎回，MIM の教材を拡大コピーし問題数を絞った課題を実施。計時し，読みの速度が上がっていることを自覚できるようにする。

（3）　物語文「わすれられないおくりもの」（個別指導）

① 範読を聞き，読める漢字と読めない漢字を見分ける

「先生が絵本を読むので，聞きながら目と鉛筆で教科書の文を追いかけましょう。読めなかった漢字には線を引いておきましょう」

② 読めない漢字に振り仮名を振る

「読めない漢字を先生に聞き，読み仮名を書きましょう」

③ あらすじを確認する

「物語の中身について質問します。教科書のどの辺に書かれていたことか考えながら答えましょう」

配慮事項

・ゆっくりと原作の絵本を読み聞かせ，ページをめくるたびに挿絵を味わい，内容理解の助けとする。教科書を目で追いながら，読めない漢字には素早く線を引くようにする。

・読めた漢字もたくさんあったことを褒め，読めない字は，新出漢字であれば教科書のページ下段で調べ，それ以外は質問するよう教える。登場人物の関係性や心情，比喩表現の意味等，あらすじに関わる問いについて，分からないときはどこに戻って確認すればよいか，自身の力で学び理解する過程を踏むことで，学習に対する意欲を高めていく。

（4）　2年漢字読みすごろく（個別指導）

「2年生で習った漢字が並んだすごろくをし

ます。サイコロを振って出た目の数だけ進み，止まったマスの漢字を読みましょう。さらに，その漢字を使った言葉（熟語）を言いましょう」

「得点表に，漢字が音読み・訓読みのどちらかでも読めたら１つ○，さらに熟語が言えたら○を１つ追加します。ゴールするまでにたくさん○をゲットしたほうが勝ちです（サイコロで小さい目が出たほうが有利）」

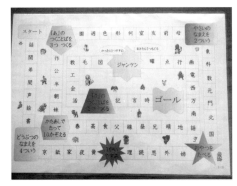

漢字が読めるだけでなく，言葉として使いこなせるよう，遊びながら語彙を広げていく。

（5）　なぞなぞ漢字カルタ（グループ指導）

「なぞなぞ漢字カードでカルタをします。例えば，『夕方，太陽がさよならするのはどっちの方角かな？』の答えは『西』です」

「最初は先生が読み手をします。たくさんカードを取った人が勝ちです」

　漢字の意味をなぞなぞ方式で学習しながら，２年生までに習った漢字を読む力を育てる。漢字の形を正しく捉えて読む力が弱い本児であるが，言葉の意味を理解する力は高いため，なぞなぞカルタであれば自信をもって友達と遊ぶことができると考えた。また，記憶の定着のしにくさがあるが，カルタ方式の学習であれば無理なく反復練習ができるであろう。

配慮事項
・グループ内で読みの力に差がある場合，相互に納得の上でハンデを付けたり，読み手・取り手の役を交互に行ったりする。
・発展学習として，自分で漢字の意味を考えながら，漢字が答えになるなぞなぞカルタをつくることもできる。

（6）　振り返り

「今日の振り返りをしましょう。……」

配慮事項
・できたこと，よかったことを振り返り，次時の学習に期待がもてるようにする。

4　次の単元に向けて

　次単元では，工作（手芸）の作り方を読んで理解しながら制作活動に取り組んだり，好きな本を選んで読書を楽しんだりすることができるようにする。

　また，読みの速度を上げるため，平仮名の特殊音節や漢字の読みの定着を図るよう継続して取り組んでいく。

〈永井　明美〉

漢字の書字に困難さが見られる生徒への指導

漢字の書字に困難さがある場合，視覚情報処理，聴覚情報処理，言語発達，注意機能，手指の協調運動など総合的なアセスメントから実態を把握し，生徒の優位な認知機能を活用したり，書字の苦手さに対して配慮したりするなどした支援が必要である。

主とする自立活動の内容

4　環境の把握　⑵　感覚や認知の特性についての理解と対応に関すること。
　　　　　　　　⑶　感覚の補助及び代行手段の活用に関すること。

■ 対象学年・生徒の様子

中学校1年生。

対象生徒は読書が好きで音読や読解に問題はないが，漢字の書字の苦手さから書字に対する抵抗感が強く，ノートテイクや学習プリント，自己評価カード，実験レポート，作文などを仕上げることができず，学習に対する意欲が低下し，学業不振の状況にあった。

アセスメントから視覚的弁別力と記憶には特に問題はなく，音読や読解には問題は顕在化しないが，描画した円や線にゆがみが見られうまく描けないことに強い不全感が見られた。書字には適切な手指の運動が必要であるが，想起した文字を手指の運動に変換することの苦手さが書字の困難さの一因と推察された。

また，偏や旁の知識が乏しく，構成部分を独特のまとまり（男→甲＋フ）として捉え，「体」「供」「何」もそれぞれ別の記号として記銘し，構成部分に分けて考えるという効率のよい方略を利用できないことも，漢字書字の困難さの一因と考えられた。

■ 指導方法・指導期間

週1回，2単位時間の個別指導を行う。指導内容に応じてメンタルフレンドや介助員も参加した。

■ 単元の計画

【単元名】自分にあった学び方を知ろう

漢字構成の特徴や規則性を楽しく覚えやすくするため，パズルやゲーム的要素を取り入れて学習を進める。必要に応じてICT機器を活用し，漢字は授業での新出漢字，使用頻度の高い漢字など優先順位を考えて選択し指導を行う。

また，描画の苦手さが書字の苦手さの一因と推察されるため，手指のコントロールの改善に関する学習も並行して行い，書字の苦手さが学業・生活上の不利にならない程度に軽減できるようにする。

■ 単元の指導のねらい

本人の優位な認知能力を活用しながら，偏と旁の意味や漢字にまつわるエピソードを交え，漢字の構成部分の特徴や規則性に気付き，効率のよい方略を身に付けられることをねら

いとする。また，将来を踏まえ，電子辞書や
ICT機器等を活用するスキルを身に付け，自
分で問題解決できる能力も育てる。

■ 単元の評価の観点

・漢字に興味・関心を示し，漢字学習に意欲
　的に取り組もうとしている。
・複雑図形を構成している図形に着目し，形，
　大きさ，バランスを意識して図を模写して
　いる。
・漢字の構成部分に着目し，偏や旁の組合せ
　から漢字の構成特徴や規則性に気付き，構
　成部分に分けて考える効率のよい方略を身
　に付けている。
・電子辞書などのICT機器を必要に応じて
　活用して学習を進めている。

■ 指導の実際 (3時間目)

1　準備する教材・教具

・点つなぎワークシート
・バランスに気をつけてワークシート
・同じものを見てワークシート
・エコたわしグッズ
・漢字さがしワークシート，漢字パズル（カ
　ード）
・漢字神経衰弱教材
・タブレット端末用アプリ（漢字パズル，単
　語帳），電子辞書

2　本時のねらい

・一定時間集中して取り組むことができる。
・漢字に興味・関心をもつことができる。
・漢字の構成の特徴や規則性に気付くことが
　できる。

3　指導の様子

（1）　1週間の生活の振り返り

勉強や学校生活に関するワークシートを記

入し，1週間の生活を振り返る。「楽しかっ
たこと」「がんばったこと」「困ったこと」
「悔しかったこと」「エピソード」等。

（2）　本時のめあてと授業内容の説明

「今日の授業では手先のコントロールの学習
と漢字パズル，神経衰弱のゲームを通した漢
字学習をします」

「今日の授業のめあては『漢字が偏と旁のよ
うにいくつかの部品の組み合わせから成り立
っていることに気づく』」です。漢字の検索
はタブレット端末や電子辞書を活用して学習
を進めてください」

配慮事項
・ホワイトボードに本時の「めあて」と
　学習内容を書いて説明する。
・書字に対する不安や抵抗感が強いの
　で，漢字書字が苦手でもできる課題で
　あること伝える。

（3） ウォーミングアップ（注意力課題）

「指示された記号と同じ記号を○で囲みましょう。ワークシートの右上に書かれている数字の数だけあります」

「どこから始めてもかまいませんが，形の違いに気を付けて，できる限り早く作業を進めてください」

「記号の数が確認できたら，『できました』と報告してください」

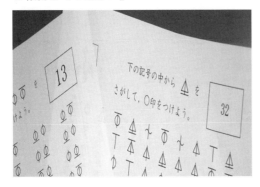

配慮事項
・やり方を理解できているか確認する。

・使っている方略を行動観察する。

・時間の計測をする。

（4） 空間認知，手指の巧緻性課題

① 点つなぎ

「右の図をできるだけ早く，間違えないように写しましょう。始点・終点に気を付けて，縦線，横線，斜め線を正確に描いてください」

配慮事項
・やり方を理解できているか確認する。

・利き手によってバージョンを替える。

・使っている方略を行動観察する。

・筆記具の持ち方を観察する。

② バランスに気をつけて（自作教材）

「右の複雑図形を，形や大きさ，バランス，位置に気を付けて描き写してください」

「消しゴムは使わないでください」

配慮事項
・左利きバージョンを使用する。

・図形の構成部分に着目するよう促す。

③ エコたわしを作ろう（タビオ協力）

「（縦紐と横紐を編む行程まで）釘を飛ばさないように気を付けて縦紐をかけ，横紐を上下交互にくぐらせましょう」

配慮事項
・やり方を理解できているか確認する。

・横軸は互い違いなので，場所を間違えないように気を付けて作業を進めるように促す。

・釘飛ばしや互い違いを間違えた場合は修正し，援助する。

（5） 漢字の構成を知ろう（自作教材）

① 漢字探し（同じ偏や旁の漢字）

「指示された漢字を，ワークシートの右上に書かれている数字の数だけ○で囲みましょう」

「どこから始めてもかまいませんが，できる限り早く作業を進めてください」

配慮事項
・やり方が理解できているか確認する。

・フォントはゴシックまたは UD デジタル教科書フォントを使用する。

② 漢字の構成を知ろう（バラバラ漢字）

「画面に表示されたパーツの組み合わせ方をいろいろ考え，でき上がった漢字をタブレット端末の画面に手書きで入力してください」

配慮事項
・楽しみながら漢字学習ができるように言葉かけをする。

③ 漢字の構成を知ろう（偏と旁アプリ）

「漢字が偏と旁の組合せで構成されていることを勉強しましょう」

配慮事項
・漢字の構成特徴や規則性に気付き，構成部分に分けて考える効率のよい方略を身に付け，漢字に対する興味・関心を喚起できるようにする。

（6）新出漢字を覚えよう

① 漢字検索アプリ

「新出漢字の読み方や漢字の構成，使い方を，漢字検索アプリを使って検索し，ワークシートに記入してください」

配慮事項
・偏と旁を意識して入力できるようにする。
・漢字の使い方については本人の既習の知識を活用する。
・漢字の覚え方は，偏と旁に分けたり，本人が構成部分に覚えやすい名称を付けたりして意味付けをして覚える方略も活用する。

② 偏・旁パズル

「偏と旁に分割したカードを組み合わせて，新出漢字5文字を完成させてください」

配慮事項
・漢字の構成部分に着目し，偏や旁の組合せから考えることが効率のよい方法だと気付けるようにする。

③ 漢字神経衰弱（自作）

「机の上の紙コップの底の裏側には，今日学習した新出漢字と仮面ライダーの画像が1組ずつ貼り付けてあります。コップを返して漢字画像をマッチングさせてください」

配慮事項
・可能な限り部首名を伝えるようにする。
・本人の好きなキャラクターの画像を入れ，ゲーム性を高める。

（7）新出漢字をまとめよう

「今日学習した新出漢字をタブレット端末の単語帳に入力してください」

配慮事項
・単語帳への入力はローマ字入力で行う。

・ローマ字入力一覧表を手元に置いて確認できるようにする。

（8）　授業の振り返り

「授業を振り返って生活ノートに書いてください」

「分からない漢字は電子辞書で検索して書きましょう」

・本時の授業のねらいについて触れる。がんばったこと，発見できたことに気付き，自信をもてるようにする。

・文章構成は必要に応じてサポートする。

4　次の単元に向けて

　本単元では空間認知・目と手の協応動作のトレーニングと漢字の構成部分に着目し，偏や旁の組合せから漢字の構成特徴や規則性に気付き，構成部分に分けて考える効率のよい方略を身に付ける学習を行った。その結果，漢字に興味・関心を示し，漢字書字に対する苦手さが軽減された。

　次の単元では，実験レポートや作文指導など文章構成の指導を行う。また，将来を見据え，ボトムアップ型の学習からトップダウン型の学習内容にシフトし，タイピングによる文章作成やアプリを活用した情報管理などICT機器を状況に応じて有効に活用できるスキルを身に付ける学習を行う。

〈杉森 弘〉

小集団活動を活用して 生徒の自己肯定感を高める指導

在籍校でよりよく生活していくためには，同年代同士で関わる力を高める小集団活動の実践が有効であると考える。そこで，個別指導で身に付けたコミュニケーションの力によって在籍学級の班活動で自分の思いを語っていけるようにする。

> **主とする自立活動の内容**
>
> 2　心理的な安定　(3)　障害による学習上又は生活上の困難を改善・克服する意欲に関すること。
>
> 6　コミュニケーション　(5)　状況に応じたコミュニケーションに関すること。

■ 対象学年・生徒の様子

中学校1年生～3年生。

学校行事や学年の取組などに参加しようとはするものの，その流れに乗り切れないことや感情の行き違いなどから様々な困難さを感じている。

■ 指導方法・指導時間

週1単位時間の個別指導と，月1単位時間の3～6名で行う小集団活動を行う。事例は小集団活動を取り上げる。

■ 単元の計画 (3単位時間扱い)

【単元名】自分の思いを語ろう

1時間目　職業体験の様子を仲間に報告しよう（対象生徒：2年生）

2時間目　声をかけながら仲間と箏の練習をしよう（対象生徒：1，2年生）

3時間目　3年生の思いにふれ自分の気持ちを語ろう（対象生徒：1～3年生）

■ 単元の指導のねらい

個別指導で付けた力を発揮する場として，同年代同士で関わる力を高める。

グルーピングやペアリングの際に，苦手さのハードルができるだけ低くなるように，意図的に小集団を組むことで，話したり，思いを語ったりする力を高める。

■ 単元の評価の観点

・個別指導で学んだ，自分の思いを相手に伝えるための話し方を活用している。

・思考を言葉にして目的に沿って話している。

・周囲の励ましや期待，称賛を受け入れ，その場に合った対応や受け答えをしている。

■ 指導の実際 (1時間目)

1　準備する教材・教具

1時間目は参加する生徒が共通の取組事項で話合いを進めるように，2年生の職業体験を行った生徒を対象に実施する。

・前時に記入した活動報告のまとめ

・各生徒の職業体験の様子が分かる写真

・発表項目提示カード

・感想記入用紙

2　本時のねらい

・職業体験の様子を，話すときのめあてを意識して仲間の前で発表することができる。

・仲間の発表を聞いて感想を書いたり，発表

したりすることができる。

・自分や仲間のがんばった様子を振り返ることができる。

3 指導の様子

(1) 小集団活動の流れの確認

初顔合わせとなるグループメンバーなので，和やかな雰囲気で自己紹介を行ったり，季節の趣きを味わえる百人一首（坊主めくり）を行ったりして，集まったメンバーで和気藹々と活動に参加できる見通しを各生徒がもてるようにする。

その後，1〜3時間目の流れを説明する。

「職業体験報告会」の取組の様子

(2) めあての確認

「今日は『職業体験の活動の様子を報告しよう』を行います。めあては『自分の職業体験の様子を話すときのめあてを意識して発表しよう』です」

> **配慮事項**
> ・めあてが意識できるように掲示物を用意しておく。
> ・各生徒が話すとよい項目を確認する。
> ・各生徒の体験の様子によって，話すとよい項目に軽重があってよい。

(3) 話すときのめあて決め

● めあて（生徒の書いた原文）

A生：わかりやすく話す。

B生：わかりやすく　恥ずかしがらずに話す。

C生：みんなにわかりやすく話す。

D生：言葉をあまりつまらせないこと。分かりやすく話す。

> **配慮事項**
> ・まずは教師の支援を受けないで，一人でめあてを立てる時間を設定する。

(4) 発表する内容を個人で確認

前時の個別指導で発表内容をまとめたものを見ながら，発表する内容を個人で確認して発表する心構えをもつ。

> **配慮事項**
> ・話すことに不慣れな生徒が多いので，準備した発表原稿を読む場合は，聞き手である仲間の顔を見ながら話すことも大切であることを伝える。

(5) 発表の順番を決める

立候補で発表する順番を選ぶ。重なった場合は折り合いをつけて譲る。

> **配慮事項**
> ・1時間目なので，順番決めにはいろいろな方法があることを教員から話す。
> ・立候補，くじ引き，話合い，じゃんけんなどの方法があることを紹介する。

(6) 発表

恥ずかしがらずに発表するようにする。

聞きやすい声の大きさを意識して話し，大変だったことや体験してよかったことなども発表する。

> **配慮事項**
> ・教室の前に出て発表する形態ではなく，まずは班隊形で話し，緊張感を軽

減する。また，在籍学級での班隊形をイメージして，声量なども調節する。

(7) 感想書き，感想交流

発表者一人一人に感想を書く。

一人一人が立てた話すときのめあてに対する感想や，体験した内容について自分と比較した感想を書く。

配慮事項
・全員が発表し終えてからだと，感じたことなどを忘れてしまう場合があるので，1人が発表を終えたらすぐに書くようにする。
・書くことが苦手な生徒もいるので，意欲の湧きやすい，飾り罫や枠のある小さめの用紙を準備する。

(8) 振り返り

「本時の自分や仲間のがんばった様子を振り返りましょう」

自分が立てためあての振り返りを行い，数値化して自己評価する。

また，小集団活動を終えての感想を書く。

● 感想（生徒の書いた原文）

A生：しっかりと，まとめて言えたのでよかったと思いました。

B生：僕は人の事を考えずに行動する事が多いけど人の事を考えれました。

C生：普段，なかなか小集団活動をやらないので，いい時間で活動することは自分にはよかったなと思いました。

D生：今回，とても緊張したけど，坊主めくりも楽しかったし，発表のとき，少しアドリブだったけど，うまく伝えることができたので，良かったです。

平成●●年度小集団活動の記録ノート

名前（　　　　　　　　　　　　　　　　　　）

日時　●●月●●日　●●：●●～●●：●●

活動内容「職業体験の活動報告をしよう」

話すときのめあて
めあての振り返り（5・4・3・2・1）
小集団活動の感想

保護者の方より	担任の先生より

活動の記録ノート

仲間への感想用紙

配慮事項
・自分ががんばったこと，仲間の発表を聞いてよかったことなどを振り返り，通級指導での小集団活動では緊張しないで自分の思いが話せたことを実感できるようにする。

4 次時に向けて

本時は事前の個別指導で話す内容を予め準備して小集団活動に臨んだが，次時は，その場に応じた会話が必要となる活動内容を組む。

〈南谷　みどり〉

形の捉えに困難さのある生徒への指導

数学の担当である担任から「さぼっているわけではないのだが，学習が定着しない。特に図形が描けない」と相談を受け授業を見に行くと，じっと動かずうつむいている姿があった。登校が嫌にならないよう達成感を味わい，意欲と自信がもてるようにした事例である。

主とする自立活動の内容

5 身体の動き　(1)　姿勢と運動・動作の基本的技能に関すること。
2 心理的な安定　(3)　障害による学習上又は生活上の困難を改善・克服する意欲に関すること。
4 環境の把握　(2)　感覚や認知の特性についての理解と対応に関すること。

■ 対象学年・生徒の様子

中学校2年生。

形を捉える力が弱く，数学の図形問題や美術等に苦手意識をもっている。また，眼球がスムーズに動かず，ノートを取ることなどにも困難さを感じている。体の使い方が未熟で，注意集中も難しく，学習課題に対して意欲が湧かなかったり，やらなかったりすることが多い。そのため，達成感を味わった経験も少なく，自信をもてない様子である。

■ 指導方法・指導時間

週1単位時間の個別指導を行う。

■ 指導のねらい

・小さな「できた」「できる」という経験を積み重ね，自信をもつことができる。
・身体のコントロールが少しでも自在にできるようになる。
・困っていること，悩んでいることを素直に話すことができる。

■ 指導の実際

1　準備する教材・教具

・「数字レース」「点つなぎ」[1]
・「最初とポン」「曲線つなぎ」「違いはどこ」「形さがし」「同じ絵はどれ」「順位決定戦」[2]
・バランスボール
・新聞紙を丸めた棒
・一本脚椅子[3]
・ホワイトボード（A2）
・卓球用具

2　1単位時間の流れと指導内容

(1)　挨拶

「起立，礼，着席」を一つ一つ確実に行う。

(2)　今までの出来事

前回の通級指導から今回までの間で困ったことや悩んだことを聞いて，一緒に解決方法を考える。また，楽しかったことや嬉しかったことも聞く。

(3)　体ほぐし

バランスボールを使った体幹トレーニング，新聞紙を丸めた棒を使った認知作業トレーニング[4]，ビジョントレーニング[5]を行う。

(4)　プリント

一本脚椅子に座りながら，認知機能をトレ

ーニングするプリントを行う。

（5） 好きなこと

自分の好きなことを5～6分行う（本生徒は卓球を好んでしていた）。

3　指導上の配慮

「学校が嫌」「学校に行きたくない」という言葉が出ないように，苦手な図形（中学校）の学習は控えることにした。本生徒の課題は，図形の捉えのみならず，眼球運動，身体のコントロール，注意集中等，様々であった。そのため，できるところは伸ばして自信をもてるようにしたり，不得手でもやってみようという気持ちがもてたりするよう指導を行った（ペアレントトレーニング[6]で学んだことを基にできるだけ多く褒める）。また，1時間の見通しをもちながら安心して取り組むことができるよう，プログラムの順番は変えないようにした。

4　指導の様子，経過

（1） 挨拶

・ボディイメージを養うため，姿勢，指先，足先，礼の角度を意識している。また，受験等での面接にも必要なので，正しい姿勢と礼の仕方を身に付けるようにした。

・言葉の一つ一つには意味があることを伝えるため，言葉（号令）と行動が一致するようにした。

（2） 今までの出来事

・困ったことや悩んでいることはホワイトボード（A2）に書き，考えやすいようにした。

・なかなか出てこないときは，通級指導担当教員，担任，保護者で回覧している連絡ノートから課題となっていることを一緒に考えた。

・作文が苦手であったので，5W1Hを使った日記を練習した。

（3） 体ほぐし

バランスボールを使った体幹トレーニングでは，最初はボールから落ちることが多かった。新聞紙の棒を回転させてキャッチする認知作業トレーニングでは「怖い」と言ってなかなかキャッチできなかった。眼球運動の追視では，追っている目印より先に眼球が動いてしまうことが多かった。

（4） プリント

① 一本脚椅子

一本脚椅子に安定して座るには，椅子の脚と両脚が三角形になるようにしないといけない。足の裏が床にしっかり着き，姿勢がよくなり，文字も書きやすくなる。

② 数字レース

上に書いてある数字のときは下，それ以外は上に線を引いていくものである。目と手の協応，指先の巧緻性，ワーキングメモリー，処理速度が必要になる。

数字レース　1　大
3，6，9は下
7 6 7 9 2 8 2 8 3 7 4 7 6 5 4 2 8 9 1 2
0 9 7 6 2 3 2 8 9 1 2 8 9 7 6 2 3 4 5 6
7 6 5 4 5 5 6 7 8 5 4 2 1 3 4 5 6 7 8 9

下図は，上下の数字を足して10になるときは8の字を書くものである。

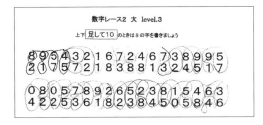

数字レース2　大　level.3

上下 足して10 のときは8の字を書きましょう

③ 点つなぎ

点を頼りに見本と同じ位置に写すものである。通級指導開始直後は，斜めの線がうまく書けない様子がうかがえた。最初は補助点があるものから始め，補助点なしの課題に進んだ。

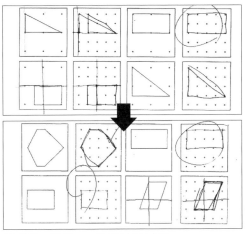

④「違いはどこ」「同じ絵はどれ」

間違い探しであるが，思い込みで探したり，目線が落ち着かず順番に探せなかったりする様子が見られた。

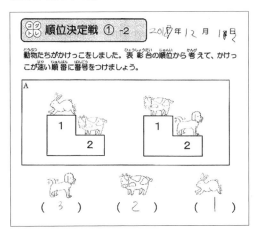

⑤ 順位決定戦

絵の情報を基に総合の順位を付けるものである。見比べて関連を考えず，1つの絵だけで判断することが多かった。

⑥ 曲線つなぎ

15枚ある課題を終えた後，同じ課題を行った。スピードを重視するのではなく，しっかり見て丁寧に描くようにした結果，2回目のほうがうまく描けた。

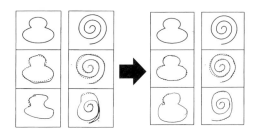

⑦ 形さがし

三角形や四角形を探すのに苦労していたが，立方体の捉えができるようになってきた。

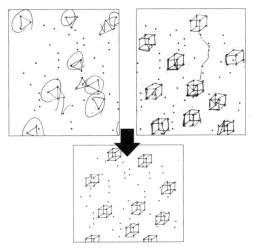

(5)　その他

解決方法に本人が納得しないときや，通級してくる他の生徒に意見を聞きたいときは，「通級生全員アンケート」と称して，他の通級生が来室した際に課題を考え，ホワイトボードに書き込むようにした。

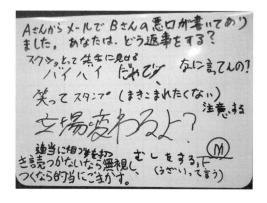

5 本生徒への取組から

（1） 一本脚椅子の効果

注意散漫で集中が難しかったが，一本脚椅子に座ること，プリントに取り組むことを同時にしなくてはいけないため，他に注意がいかなくなるようであった。

（2） 見える，分かる形での評価の有効性

「数字レース」と「点つなぎ」では，計時してタイムの伸びが分かるようにしたことや，「曲線つなぎ」で2回目のほうが筆圧が上がり，上手に描けていることが本人にも分かるようにした。

その他，伸びたりできるようになったりしたことを褒め，評価した。そのことにより達成感が得られ，意欲につながった。

（3） 「通級生全員アンケート」の効果

次の3点が挙げられる。

・人によっていろいろな意見があることが分かる。

・自分の考えがまとめられず書きにくい生徒でも，他の生徒が書いたものを見て自分と同じ意見があることに安心できる。

・教員の言葉より，同世代の言葉のほうが納得しやすい。

6 まとめ

本生徒は，指導を始めて1年が経つ頃，「できないところを人に見られたくない。できるようになりたい。今まで，できなくても何にも思わなかったけど」と話してくれた。自分の言葉で悩みや困難さを伝えられるようになったことは，自分の弱みに対する前向きで主体的な行動であり，約1年間の成果と言える。

「できるようになりたい」という言葉は，プリントや運動で少しずつ積み重ねてきた達成感が自信となって。「がんばったらできる」という見通しをもてたことで引き出された言葉である。

また，一対一の指導形態であったからこそ，担当教員との信頼関係を築き，本音が出てきたように思う。

〔参考文献・教材等〕
1) 「数字レース」「点つなぎ」大阪医科大学LDセンター
2) 宮口幸治著『コグトレ　みる・きく・想像するための認知機能強化トレーニング』三輪書店，2015年
3) A・ジーン・エアーズ著，宮前珠子，鎌倉矩子訳『感覚統合と学習障害』協同医書出版社，1978年
4) 宮口幸治，宮口英樹編著『不器用な子どもたちへの認知作業トレーニング』三輪書店，2014年
5) 北出勝也著『学ぶことが大好きになるビジョントレーニング2』図書文化社，2012年
6) 岩坂英巳，井潤知美，中田洋二郎著『AD/HD児へのペアレント・トレーニングガイドブック』じほう，2004年

〈平野 雅也〉

音韻認識に困難さのある生徒への漢字の読み書き指導

漢字の読み書きができないことで友達にからかわれ，不登校になってしまった生徒に対し，自己理解の学習を進め，自己肯定感を高めた。また，読み書きアセスメントを実施し，自分の苦手を得意で補う学習方法を指導した。

主とする自立活動の内容
2 心理的な安定 （3） 障害による学習上又は生活上の困難を改善・克服する意欲に関すること。
4 環境の把握 （3） 感覚の補助及び代行手段の活用に関すること。

■ 対象学年・生徒の様子

1 実態

中学校1年生。LDの診断があり，主訴は不登校と読み書き困難。

A生は読み書きが苦手で，授業についていくことができず不登校となり，中1の2学期に通級指導教室で指導を受けることになった。A生と話してみると，話題が豊富で頭の回転が速く，大変真面目な生徒という印象を受けた。ただ，思考力は高いのに学業に反映されにくく，自分は勉強ができないと思い込んでいるようだった。また，なぜ読み書きができないのか周りの人たちに理解されず，単なる怠けだと思われていた。

A生は読み書きは苦手だが，スマートフォンを自在に使いこなすことができ，日常生活であまり困ることはないようだった。

A生には，自己理解を促し自己肯定感を上げることと，自分に合った学び方を教えることが必要だと考えた。

そこで，始めに簡易認知力テストを実施した。

簡易認知力テスト「頭のよさテスト」は，簡単な質問に答えるだけで得意な認知が視覚

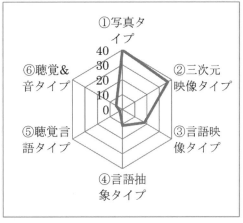

参考：本田真美著『医師のつくった「頭のよさ」テスト』光文社新書，2012年

的に分かるので，筆者は指導のきっかけづくりとして導入時に使うことが多い。

頭のよさには上図のように6とおりある。A生は「見る力」が抜きん出ているが，それ以外はかなり低くなっている。A生には，自分の得意な「見る力」を生かして，自分に合った学び方を一緒に探していこうと伝えた。

また，「あなたにはすばらしい表現力がある。いつか同じように苦しんでいる人たちの代弁者になる役割がきっとある」とも伝えた。

その後A生は少しずつ自己理解を深め，自分に自信をもつことができるようになった。そして，「絶対高校に合格して，建築士にな

る」という目標をもち，高校の情報を調べて目指す進路先を決めた。

　目標をもつことで，在籍学級にも毎日2時間程度通えるようになった。

2　アセスメント

　実施アセスメントは以下のとおりである。

・STRAW
・読み書きアセスメント〜中学校版〜（東京都教育委員会）
・村井式音韻認識テスト（明治図書出版）
・読み書きに関するアンケート

　生徒が書いた漢字の誤りを分析することで，「音」「形」「意味」「不注意」等，どこに苦手さがあるのか探ることができる。

　A生は，小学校3，4年生程度の漢字でつまずいていた。

（1）　読み書きアンケートより

① 読み

・平仮名と片仮名は読めるが，漢字を読むのが難しい。
・ルビを振ってもらえば読める。

② 書き

・板書を写すのに時間がかかる。
・作文を書くのは時間がかかるが，パソコンで打つことは楽にできる。
・漢字を場所で覚えているようで，入れ替わると混乱する。
・形は頭に浮かんでいるのに書けない。

（2）　所見と対応，合理的配慮の提供

① 所見

　音韻認識が弱い。

② 対応

・形や意味情報を活用して学習する。
・見て捉える力が強すぎ，一度にたくさん覚えると混乱するので，漢字とイメージを1つずつセットにして覚える。

・漢字をパーツに分け，自分が覚えやすい唱え方を考える。

③ 合理的配慮の提案

・ルビ振り，読み上げ等の実施
・ワークシートや板書の撮影等，書字の負担を軽減させる。

■ 指導方法・指導時間

　週1単位時間の3〜5名で行う小集団指導と，週1単位時間の個別指導を行う。事例では，個別指導を取り上げる。

■ 単元の指導のねらい

【単元名】漢字，作文の学び方を知ろう

　自分に合った漢字や作文の学び方を知る。

■ 単元の評価の観点

・自己理解が深まっている。
・教科書を読解している。
・自分に合った漢字の覚え方を工夫している。
・200字程度の三段構成の作文を書いている。
・分からない漢字は辞書で調べ，作文の中で使っている。

■ 指導の実際

1　準備する教材・教具

・ホワイトボード，マーカーペン
・自己理解ワーク（自作）
・ルビ付き国語教科書
・道村式漢字カード
・オリジナル漢字ノート
・パソコン
・電子辞書
・始・中・終の作文ワークシート
・漢字カルタ

2 指導内容

毎回以下のパターンを決めて指導したので，見通しをもって取り組むことができた。

相談（自己理解）：10分

教科書の音読・読解：10分

漢字：10分

作文：20分

3 指導の様子

（1） 相談（自己理解）

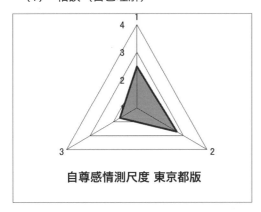

自尊感情測尺度 東京都版

通級指導教室に通い始めた頃は，上図のように自尊感情が低下していた。また，人に合わせすぎて疲れてしまう傾向があった。

（2） 教科書の音読，読解

ルビを振った教科書を音読した後，質問をして文章理解ができているか確認した。

（3） 漢字学習

オリジナル漢字ノートを作成した。

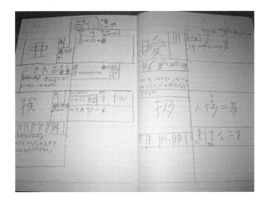

また，道村式漢字カードを使用し，オリジ

ナル漢字カードを作成した。漢字をパーツに分け，自分なりの覚え方をノートに書くようにした。既存の覚え方ではなく，「『天』の横に『ノ』で『矢』」と覚える等，自分なりに分かりやすい方法を工夫していた。

また，読み方が同じだと間違えて書いてしまうことがあり，音韻認識以外に意味理解の苦手さもうかがわれた。そこで，偏と旁を組み合わせて漢字をつくるといった，A生の得意な視覚認知を使って漢字学習に取り組むようにした。

道村式漢字カード

この間，書字の練習はほとんどしなかったのに，字がきれいに書けるようになってきた。

〔参考文献〕

・竹田契一監修，村井敏宏，中尾和人著『読み書きが苦手な子どもへの〈漢字〉支援ワーク』シリーズ，明治図書出版，2020年

（4） 作文

はじめは，テーマに沿って得意なパソコンで自由に打ち込んでもらった。紙に書くよりも早く，のびのびと書けていて，漢字変換も正しく選択することができていた。

作文に苦手意識がなくなってきた頃，テーマに沿って「始・中・終」に分けたワークシートに，要点だけ書くようにした。質問をし

ながら内容を膨らませ，最後に書き出した文を整理して，作文用紙にまとめた。その際，分からない漢字は電子辞書で調べ，正確に書くよう促した。

　はじめは200字程度から進め，次第に文字数を増やしていった。

　2年生の3学期からは，時間内に書き上げられるよう，タイマーで時間を意識するようにした。時間内で書ききれなかった分は，宿題でやってくるほど意欲的に取り組んだ。

　A生は自己理解が進む中で，合理的配慮（タブレット端末で板書を撮影したり，授業を録音したりすることの許可）について，自分で学校に相談するまでの力を身に付けた。

〈平野　恵里〉

音韻認識に困難さのある生徒への英語の読み書き指導

小学生の頃から漢字を書くことに苦手意識があったが，それほど目立ってはいなかった生徒。しかし中学校で英語の授業が始まると，英語の読み書きでつまずいてしまった。そこで，アセスメントに基づいた音韻認識に関する指導を行った。

主とする自立活動の内容

2　心理的な安定　(3)　障害による学習上又は生活上の困難を改善・克服する意欲に関すること。

4　環境の把握　(5)　認知や行動の手掛かりとなる概念の形成に関すること。

■ 対象学年・生徒の様子

1　実態

中学校1年生。ADHD の診断があり，主訴は記憶力と注意力の課題がある。また，一度に多くの情報の処理が困難である。

A生は記憶力が弱く，学習は全般的に苦手である。小学生のときは漢字の読み書きが苦手で，1学期は読み書きの支援を行っていた。

読み書きアセスメントを実施したところ，苦手さの背景には，記憶の問題と音韻認識の困難さがあった。そこで，形を分解しパーツを唱えながら書いたり，漢字カルタを使って得意な視覚認知を活用して覚えたりしていた。

1学期のテストで国語の点数が上がり，本人も国語はできるという意識に変わってきた。そこで，2学期は，最も苦戦していた英語の読み書き支援を行うことにした。

2　アセスメント

実施したアセスメントは以下のとおりである。

・ULAWSS English

・「読めた」「わかった」「できた」読み書きアセスメント～中学校版～（東京都教育委員会）

(1)　ULAWSS English の結果からの対策

音声読み上げと片仮名表記に効果があることが分かった。そこで，以下のパターンで学習を進めることにした。

①　新出単語の発音を聞く。

②　読み方を片仮名表記にして覚える。

③　覚えやすい読み方に変換して覚える。

(2)　読み書きアセスメントの結果からの対策

アルファベットと音の対応を促すため，以下のパターンで学習を進めることにした。

①　提示されたアルファベットカードを見て，音を発音する。

②　音からアルファベットカードを選ぶ。

③　アルファベットカードを組み合わせて英単語を構成する。

■ 指導方法・指導時間

週1単位時間の3～5名で行う小集団指導と，週1単位時間の個別指導を行う。事例では，個別指導を取り上げる。

■ 単元の指導のねらい

【単元名】英語の学び方を知ろう

自分に合った英語の学び方を知る。

■ 単元の評価の観点

・自分なりに覚えたつづりと音が一致している。

・自分なりに学習した英単語の読み書きができている。

・自分なりに学習した英単語の意味を理解している。

・学習した基本文を正しく並べている。

■ 指導の実際

1　準備する教材・教具

・ホワイトボード，マーカー

・フォニックス CD，フォニックスカード，フォニックスプリント

・基本文カード

・フラッシュカード

・英語教科書

・電子辞書

・AGO カードゲーム

2　指導内容

・つづりと音の一致：20 分

・在籍学級での授業の予習（読解，新出単語，基本文）：20 分

・お楽しみ（英語カードゲーム）：10 分

3　本時のねらい

・自分なりに覚えたつづりと音の一致ができる。

・自分なりの方法で新出単語を覚えることができる。

・英語学習を楽しもうとする。

4　指導の様子

　英語のアセスメントを行ったところ，音韻認識に課題があり，読み上げながら覚えたり，英単語に振り仮名を振って覚えたりすると効果があるとの結果だった。

（1）　つづりと音の一致

① 　フォニックスの歌を CD で聞く。

② 　フォニックスカードを見て発音する。裏返しにして答え合わせをする。

③ 　教員の発音を聞いてアルファベットを選ぶ。

④ 　アルファベットを組み合わせて英単語をつくる。

⑤ 　フォニックスをブレンディングし，正しい発音をする。

⑥ 　パソコンや CD 等を使い，ネイティブ英語を聞く。

⑦ 　同じつづりのルールをもつ単語の共通性に気付くようにする。

⑧ 　読み書きアセスメントのプリントを活用し，①～⑦の復習をする。更に応用問題にもチャレンジする。

（2）　授業の予習

① 　教科書を読み，意味内容を確認する。

② 　新出単語を覚える。

・新出単語から毎回２個ずつ選び，フラッシュカードで覚える。

・英単語には振り仮名を振り，アクセントを付けて読む。また，裏返しにして単語の意味も確認する。

・文字を短く切って，前から順々に読んだり，語呂合わせで覚えたり，アルファベットを１つずつ唱えてから発音したりと，様々な

方法を提案し，Ａ生が覚えやすい方法を選択できるようにした。

・最後にフラッシュカードにして，スペルと意味を覚えられたかチェックした。

・毎週再確認することで，だんだん記憶が定着してきた。

③　基本文を確認する。

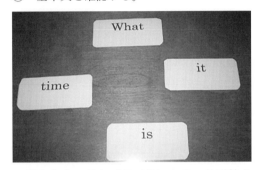

・基本文カードをバラバラにまき，並び替え

て正しい文を完成させる。

（3）　お楽しみ

英語でコミュニケーションを取ることは楽しいと感じてほしいことから，時間があるときには，AGO カードゲームを行った。

5　生徒の変容

Ａ生は，つづりと音が一致したことによって，規則的な単語なら読み書きができるようになった。また，不規則的な単語は自分なりの唱え方を考えて，少しずつ定着させていった。教科書の新出単語も，はじめは振り仮名を頼りに覚えていたが，毎回フラッシュカードで確認していくことで，記憶が定着してきた。新出基本文は，カードの操作等，本人の得意な視覚認知を活用したこともあって，無理なく覚えることができた。

このように，苦手なことを改善しようとする指導だけでなく，できることや得意なことを活用する指導を組み合わせたことで，少しずつ英語に対する苦手意識が減ってきた。

〈平野　恵里〉

持ち物の管理が苦手で物をよく失う児童への指導

多動性，衝動性，不注意があるため，置いたところを忘れ，片付けができずに，持ち物の管理がうまくできない児童がいる。自分で考え工夫することの楽しさを多様に体験し，意欲的に困難さの改善に取り組めるようにする。

主とする自立活動の内容

1　健康の保持　(4)　障害の特性の理解と生活環境の調整に関すること。
2　心理的な安定　(3)　障害による学習上又は生活上の困難を改善・克服する意欲に関すること。

■ 対象学年・児童の様子

小学校3年生。

自然や工作，運動が好きで，様々なことに創造や工夫ができ，楽しんでいる姿が見られる。手掛かりを基に，自分の思いや考えを伝えられるようになってきた。一方，聞いて考える力が弱く，一度に多くの情報を与えると混乱する。また，見たものに興味が移りやすい。忘れ物が多く，整理整頓が苦手である。

■ 指導方法・指導時間

週1単位時間（45分）の個別指導を行う。

■ 単元の計画 (3単位時間扱い)

【単元名】筆箱バッチリ作戦「たす」

話や運動などで自分の創造的な力を発揮して，工夫する楽しさを体験し，そういう自分のよさに気付く。自分の得意なことや苦手なことを具体的に整理して，確かな自信につなげる。自分の苦手な整理整頓などに対してもアイデアや工夫することを生かし，具体的な「筆箱バッチリ作戦」などの行動計画を立案し，自分で主体的に攻略する方法を見いだす。また，在籍学級や家庭と連携し，自分の工夫による成功体験を積んでいく。自分の工夫を生活改善に生かし，取り組む意欲を育てつつ，その取組を持続できるようにする。

■ 単元の指導のねらい

本児が「工夫する体験」を，運動をはじめ様々な活動で生かせるようにし，工夫やアイデアの実現に向けて，試行錯誤することの楽しみを実感できるようにする。そこから，苦手なことに対しても，自分がいろいろと工夫をすることで改善・克服していく楽しさを体験し，苦手なことに対しての付き合い方にも意欲的に取り組めるようになる。

必要なものがそろう「筆箱バッチリ作戦」に向けて，自分で立てた行動計画の成否を振り返る機会をつくり，具体的な実践を認めることで自信をもてるようにする。

在籍学級の担任や家庭との連携では，本児の取組を見守り，試行錯誤して改善・克服に向けて挑む姿を認めていくようにする。

自分の特性の一つである不注意等に気付き，日常生活で様々な工夫していくことで生活上の困難さが減り，改善・克服できることに手応えを感じはじめたら，指導を終了とする。

■ 単元の評価の観点

・自分の考えやアイデアを表現し，試行錯誤している。

・自分の得意，不得意を整理して客観的に自覚している。

・「筆箱バッチリ作戦」に向けて，自分で工夫した具体的な対策を立て，試しながら工夫や改善を図っている。

・自分の対策を試しながら継続的に実践し，生活改善ができた体験を積んでいる。

■ 指導の実際 (1時間目)

1　準備する教材・教具

・ボール，フラフープ

・「いいところを見つけよう」プリント

・「困っていること・対策」プリント

2　本時のねらい

・自分の考えやアイデアを思い付き，伝えることができる。

・自分の課題に気付き，強みを生かして，工夫して対策を立てることができる。

・実行するための具体的な方法や見通しをもつことができる。参観した担任や家庭と共通理解を図り，支援につなぐ。

3　指導の様子

（1）目標・学習のスケジュールの確認

「自分で立てた今年の通級の目標と，今日の学習の予定を読んでください」

「今日することで質問や意見はありませんか?」

> **配慮事項**
> ・学習の計画表を毎時間用意して，見通しがもてるようにする。

	12月　5日（水）	
・考える力をつけたい。		
・集中したい。（見る　聞く力をつけたい。）		
・きれいに書けるようになりたい。		

1	お話	☺☺☹
2	にこにこタイム　　○○さん発明フラフープ運動　7分	☺☺☹
3	いいところを見つけよう	☺☺☹
4	できるようになりたいこと　　作戦をたてよう。	☺☺☹
5	感想	☺☺☹

（2）お話「ボールパスゲーム」

「今日のお話は，どれを使ってしますか?」

すごろく，さいころトーク，ルーレット，くじ引き，ボールパスゲーム等，様々な方法から児童が選択して決めている。今回はボールパスゲームを選択した。

質問する側がボールを持って質問をする。答えを聴き取った後に「分かりました。ありがとう」と言ってボールを相手に投げて，質問をする役割を交代する。ボールも相手が受け取りやすいように投げることを意識する。

> **配慮事項**
> ・多様なお話教材の中から選び取り，自己決定していく機会をつくる。
> ・対話は言葉のキャッチボールであることを，ボールを使って体感する。
> ・ホワイトボードに例文を示し，理由を

付けて詳しく話をする学習をする。

（3）にこにこ運動タイム～○○さん発明 フラフープ運動

「今日は，前回つくった運動をした後で，新しい運動を考えてもらいましょう。時間配分をどうしますか？」

　児童が時間配分を考えて活動に入る。

　この日もフラフープを使った運動をつくる。

・ボウリング：フラフープを転がす。
・バランス：手のひらにフラフープを乗せる。
・競争：2名で転がして競う。
・相撲回し：1つのフラフープの上で回す。
・ボール輪投げ：フラフープをゴールに投げる。

配慮事項

・児童の考えた運動を教員も一緒に行い，楽しく体を動かす。自分でつくった運動に名前を付けることでアイデアを尊重する。
・活動に見通しをもち，終わりの時間を守れるようにタイマーを活用する。

（4）いいところを見つけよう

「いいところリストの中から，自分に当てはまるところには○を付けてください」

「いいところとして○を付けたところにマーカーで色を着けてみましょう。○が付かなかったところには，別の色を塗りましょう」

「自分のいいところと苦手なところについて，気付いたことを話してください」

配慮事項

・いいところだと自分で思っているところだけに○を付け，プラス評価で行動を強化し，自信をもてるようにする。

いいところリストの中から，自分に あてはまると 思う ところのチェックらんに ○を つけましょう。

	いいところ	チェックらん
①	あいさつが できる	○ ○
②	かぜを ひかない	○ ○
③	いろいろな 食べものが 食べられる	○ ○
④	ぐっすりねて 朝 元気に おきられる	
⑤	わすれものを しない　できるようになりたいこと①	
⑥	かたづけや そうじが 上手	
⑦	字を 書くのが ていねい	人
⑧	人の 話が 聞ける	
⑨	はっきり わかりやすく 話す	○ ○
⑩	わからないことは 質問している	○ ○
⑪	よい意見や アイディアが 言える	○ ○
⑫	相手の 気持ちを 考えて 話すことが できる	人
⑬	体を 動かすのが すき	○ ○
⑭	スポーツが とくい（サッカー、野球など）	○ ○
⑮	楽器の 演奏や 歌を 歌うのが とくい	がっきえんそう ×うた

〔参考文献〕
・NPO フトゥーロ LD 発達相談センターかながわ著『あたまと心で考えよう SST（ソーシャルスキルトレーニング）ワークシート　自己認知・コミュニケーションスキル編』かもがわ出版，2010 年

（5）できるようになりたいこと

「苦手なことで，自分ができるようになりたいと思っているのはどこですか？」

「忘れ物をしない。片付けや掃除が上手にできるようになりたい」

「では，まずできそうなことから，計画を立ててみましょう。毎日使う物で，片付けておくといいもの，忘れて困っている物は何ですか？」

　目の前にある筆箱に鉛筆がそろっていなかったことに気付いたので，「筆箱」の対策を立てることにする。このように，対話しながら行動計画を作成する。

・困っていること，できるようになりたいこと
・自分の強み，アイテム
・対策　事前　最中

・設計図を書く。キーワード「たす」発見

　作成した設計図は，筆箱に貼っていつも見るようにする。「た：確かめ」「す：すぐやる」「たす」というキーワードを思い出す。

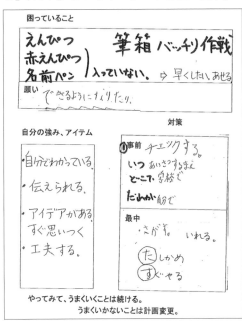

　鉛筆をなくしたら，自分の責任で探す。毎日，学校の帰りの会の前に継続してチェックする。通級指導の時間のはじめに筆箱の中身を確かめる。

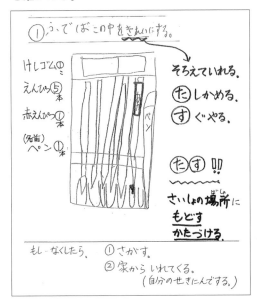

配慮事項

・苦手なことの中から「できるようになりたいこと」を選び，主体的に次の行動目標を設定できるようにする。

・目標実現のために，自分で設計図や計画書を作成することの大切さに気付けるようにする。

・事前に在籍学級の担任や保護者から困っていることを聞き，把握する。

・実際に担任が授業参観をする中で，児童の目標や手立てを共有する。

・担任や保護者と連携して，行動の見届けや注意喚起に協力してもらう。

・計画どおりに進まないときは，計画を変更することも視野に入れる。

（6）　振り返り

「今日の学習をしての感想を言いましょう」

配慮事項

・児童が先に振り返りシートを見ながら叙述し，その後，教員が児童の学習の様子を評価して話す。

・理由付けをして話すパターンをつくり，授業についての振り返りを行う。

4　次の単元に向けて

　自分で立てた計画が実現することで改善できる体験につなげていく。自分の気付きが生活を改善していくヒントになり，工夫して苦手なことを克服していく。対話しながら内容を整理し，絵や図に表現することで改善につながっていることに気付けるようにする。今後も「た：確かめ」「す：すぐやる」「たす」というキーワードに児童自らが実践を深化させていくよう家族と共に見守っていく。

〈福井　玲子〉

行動や欲求のコントロールに困難さのある児童への指導

周囲の刺激から影響を受けやすく，衝動的に行動してしまう児童がいる。不適切な対応による自尊感情の低下などの二次障害を防ぐため，環境調整をしながらセルフモニタリングや自己コントロールの力を付け，周囲とよりよい関係が築けるようにする。

主とする自立活動の内容	2　心理的な安定　(1)　情緒の安定に関すること。 3　人間関係の形成　(3)　自己の理解と行動の調整に関すること。 6　コミュニケーション　(2)　言語の受容と表出に関すること。

■ 対象学年・児童の様子

小学校3年生。

体を動かすことが好きで，落ち着きがない。順番が待てず，一番にこだわる。友達に対して攻撃的な言葉遣いをして傷つけたり，相手が不快に感じることを意図せず衝動的に口走りトラブルになったりする。攻撃的な言葉遣いや振る舞いがあり，注意してもその場では「悪かった」と反省するが，しばらくするとまた同じことを繰り返してしまう。こうした行動は，「わがまま」「我慢が足りない」「悪ふざけ」ととられやすく，常に指摘や叱責の対象になってしまう。個別指導の場面では「どうして僕ばかり叱られるの」と涙ぐむことがあり，自尊感情の低下も心配される。

■ 指導方法・指導時間

月2単位時間の個別指導を行う。

■ 単元の計画

【単元名】こんなとき，どうする？

ウォーミングアップとして，「いま，どんなきもち？」ポスターを使って，その日のコンディションを確認する。集団の中で起こり得そうな出来事をイラストで振り返り，人との関わり方についてのスキル学習，気持ちのコントロールの練習等を行う。最後に簡単なゲームを実施し，「勝っても負けても人と一緒に楽しむ」とい

「いま，どんなきもち？」ポスター

う経験を積む。自分の行動を振り返ったり気持ちをうまく相手に伝えたりすることを学び，在籍学級で友達とコミュニケーションを取る際に生かせるようにする。

■ 単元の指導のねらい

まずは，否定されずに出来事を話すことのできる個別の安心した関係性を大切にする。次に，イラストで出来事を視覚化することで，「目に見えない自分の行動を振り返る」ことができるよう支援する。指導者と交代で役割演技をすることで，相手の気持ちを考えたり，好ましい振る舞いに気付いたりすることが期待できる。最後に，勝ち負けだけにこだわら

ず支援者と一緒に楽しむことのできる遊びの経験ができるようにする。

　家庭や学校での理解が進み環境調整が期待できること，衝動的な行動が減ること等が認められれば，本指導終了のめやすとする。友達とのトラブルがあっても話合いで解決できたり，気持ちに折り合いを付けられたりする場面が増えること等，留意する。

■ 単元の評価の観点

・出来事を思い出して話している。
・自分の行動を振り返っている。
・相手の気持ちを推察し，より好ましい言動について考えている。
・気持ちの切り替えができている。

■ 指導の実際

1　準備する教材・教具

・ホワイトボード
・タイムタイマー
・「いま，どんなきもち？」ポスター（大阪府人権教育研究協議会ポスター）
・スケッチブック
・ことばの変換表
・ジャンボジェンガ（タカラトミー）

2　本時のねらい

・イラストを手掛かりにしながら自分の行動を客観的に捉えることができる。
・相手の気持ちを考えることができる。
・気持ちの切り替えに気付くことができる。

3　指導の様子

　（1）　本時の活動とめあての確認

① ウォーミングアップ（自由会話）

　挨拶をした後，今日の気持ちを「いま，どんなきもち？」ポスターから選ぶ。「今日は（ポスターを指さしながら）『イライラ』した

気持ちです。どうしてかというと〜だからです」等，話し方のモデルを示し，訳も話せるよう促す。

> **配慮事項**
> ・自由会話の中から，児童の今日のコンディションについて把握しておく。「いま，どんなきもち？」ポスターで，気持ちの表し方のバリエーションを提示する。例えば，同じ「嬉しい気持ち」でも，「るんるん」「やったあ」「ラッキー」等，いくつもの言い方がある。イラストと台詞を手掛かりにすることで，より自分の気持ちに近い表現を選ぶことができる。
> ・マイナスの感情であっても，否定せず受け入れるよう配慮する。マイナスの感情を消化できず，うまく表現できないことに対しては，気持ちを言葉に表すことで出来事を整理したりクールダウンしたりできるようにする。

② めあての確認

「今日は，『友達とドッジボール大会を楽しもう大作戦』について考えます。めあては『チームワークを高める，やる気アップ言葉を考えよう』です」

> **配慮事項**
> ・活動の見通しがもてるように，めあてと共に活動の順序と活動時間をホワイトボードに記入する。児童の集中時間にも配慮し，無理のない活動計画を示す。

(2) イラストで出来事を振り返る

(3) こんなとき，どうする？

(2)のイラストで出来事を振り返り，「嫌だったね」「○○さんは〜なふうに思ったのね」というように，まずは児童の気持ちに寄り添い受け止めていくようにする。その上で，そのとき相手はどんな気持ちだったか，すべき行動や好ましい振る舞いはどうだったか等，考えていくようにする。役割を交代して台詞のやり取りをしたり，実際に動作を付けて役割演技したりすることで，初めて相手の気持ちに気付くことができることも多い。

チクチクことば	やる気アップことば
ウザい	○○くん，ドンマイ！
早く回せよ！	○○くん，パスパス！　こっち！
何やってんねん！	○○さん，だいじょうぶ？
ムカつく！	悔しい〜！
負けた！	次は勝てるようにがんばろう。

「ことばの変換表」（本児のことばで作成。ドッジボールでのやり取りを想定している）

(4) 遊び

ジャンボジェンガを使い，1回目は通常のルールで対戦する。2回目は教員と児童の2名で協力して，制限時間内により高く積める

ようにする。

(5) 振り返り

「今日の振り返りをしましょう。まずは感想を聞かせてください」

児童の話を聞いた後，児童のよい行動や発言について具体的に褒め，気持ちを伝える。

例)「最後のゲームで失敗しそうになったとき，応援してくれて嬉しかったよ」

4　次の単元に向けて

個別指導で学習したことを，次の単元では小集団指導で生かしていく。グループの編成については，児童の特性や相性に配慮する。

衝動性のある児童の指導については，特に家庭と学校との連携が不可欠である。個別の指導計画を基に，指導方針や児童への具体的な関わり等について，共通理解していかねばならない。

今回の例では，「問題行動を頭ごなしに叱らず，まずは気持ちを十分受け止める」「正しいコミュニケーションの取り方，好ましい振る舞いの選択肢を教えていく」「曖昧な言い方や否定的な表現を避け，すべきことを伝える」「大目に見ることも支援になる」等，家庭でも学校でも同じように環境調整し，より効果的に児童の心理的安定が図れるようになってきた。個別でできたことで自信を付け，集団でも同じ行動が選択できるよう，家庭や学校へと「つながる支援」を目指す。

〈今井 裕子〉

行動のコントロールが難しい児童への指導

衝動性が高く，思ったことをすぐに口にしたり，気になったものにすぐに触ったりするため，注意を受けたり，友達とトラブルになったりすることが多い児童がいる。そこで，自分の行動傾向を自覚して，状況に応じた適切な行動ができることを目標として指導を行う。

> **主とする自立活動の内容**
> 1　健康の保持　(4)　障害の特性の理解と生活環境の調整に関すること。
> 2　心理的な安定　(1)　情緒の安定に関すること。
> 3　人間関係の形成　(3)　自己の理解と行動の調整に関すること。

■ 対象学年・児童の様子

小学校3年生。

衝動性の高い本児の行動面に関わる課題の一つとして，状況に応じた安全な行動が取れるようになることが挙げられる。例えば，休み時間になると毎日のように大好きな図書館に移動し，大半の時間をそこで過ごしているが，移動の際，教室から飛び出し，廊下を走っていくため，人とぶつかることや注意を受けることが多い。本児には，走って移動している自覚はあるようだが，危ないという認識は低く，注意しても改善が難しい状況にある。

■ 指導時間・指導方法

通級による指導では，1回90分（2単位時間）の指導を月2回行っている。前半40分程度は個別指導，後半は3名の小集団指導であり，ここでは個別指導について取り上げる。

■ 単元のねらい

【単元名】ちょうどいい速さで歩こう

1　指導のねらい

在籍学級で，歩く速さについて担任と一緒に話し合ったり振り返ったりすることや，歩く速さを意識することができるようになることをねらいとする。

2　指導上の留意点

本児の課題を改善するには，本児が自分の歩く速さを意識し，他者からの言葉かけを聞き入れることが必要となる。

そこで，まず何が課題なのか，どうしてそれが課題なのか，そして，どうすればよいのかを本児と一緒に考え，具体的な改善方法を決めていく。

次に，その方法で練習する。更に，練習した方法を在籍学級で実践し，次の通級による指導の時間にその振り返りをする。

通級による指導での練習に当たっては，教室の床にテープを貼ってコーンを置いておき，話合いの後，このコースで歩く練習をする。

なお，本児と話し合うに当たり，できるだけ実際の状況や出来事を話題とし，学習の効果と改善意欲を高めるようにする。そのため

に事前に在籍学級での様子を担任から聞いておき，その情報を基に本児の行動の振り返りをする。

■ 単元の評価の観点

・歩く速さに気を付けて歩行練習をしている。
・在籍学級で，歩く速さについて担任と話し合い，自分の目標を設定している。
・在籍学級での歩く様子について，通級による指導教室で振り返りをしている。

■ 指導の実際

第1回

2学期初めの指導時にめあてを設定する際，本児は1学期の振り返りプリントを見ながら自分で考え，2学期のめあてを「歩く速さをみんなと合わせること」と言うことができた。

第2回

2学期のめあてについて　考えよう
○1学期にがんばったこと
　となりの席の子と会話をする
○1学期にこまったこと　注意されたこと
　いそいで図書かんに行くからあぶない

　○2学期のめあて
　　歩くはやさをみんなと合わせる

図書館への移動の状況を思い出しやすくするために，そのときの様子を詳しく聞きながら，文字や絵，図を使って状況を整理していった。

本児は数字が好きであり，歩く速さを数直線で表して話を進めるようにした。すると，本児は，みんなが歩く速さと自分の速さを書き込み，「1〜1.7が歩く速さ。1.7〜2が早歩き。2以上は走る速さで，ぼくは2.5の速さ」と言った。このように，自分の今の速

さが「走る」になっていることを自覚することができた。

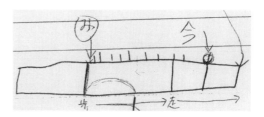

第3回

第2回に本児が言った内容を数直線に書き込んだプリントを用意した。

学校での最近の歩く速さを尋ねると「1.85になってる」と言ったので，新たに数直線に1.85を書き込み，「前回より0.65スピードダウンしてるから，今度来るときはマイナス0.65で1.2にしよう」と話し合って，在籍学級での目標を設定した。

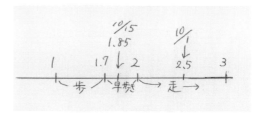

話合いの後，教室に設置したコースで歩く練習をした。まず，今の1.85の速さで歩き，次に1.2の速さで歩いた。自分で速さを変えて歩いており，速さの違いを本児なりに意識できていた。

第4回

第3回と同様に，数直線を使って歩く速さを確認した後，適切な速さで歩く練習をした。教室内だけでなく，教室から出て廊下を歩き，また教室に帰ってくるコースをつくり，速さをキープする練習をし，歩く距離を伸ばすようにした。

■ 在籍学級との連携

毎回，本児と話し合った内容や指導の結果を在籍学級の担任に連絡し，歩く速さを数字で表すと意識しやすいことを伝えた。担任は振り返りシートを作成し，毎日，本児と一緒に歩く速さについて振り返りを行った。学校全体でも，指導の方針を共通理解し，本児が走っているのを見かけたときには「1の速さだよ」と言葉をかけるようにした。

このように，在籍学級での取組の経過について，担任と連絡を密に取り合いながら，本児と話し合ってきたことで学習の効果を高めることができた。

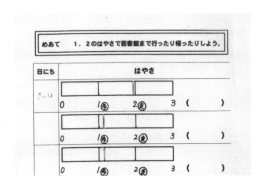

■ 課題

在籍校全体で本児の特性や支援方針を共通理解し，分かりやすい言葉かけを続けてもらえるようになったことで，学習の効果を高めることができた。

しかし，まだ本児自身が，常に速さを意識して歩くことができているとは言えない。今後は，適切なスピードで歩くことの意味やその重要性の理解を促すとともに，つい走ってしまう衝動性のコントロールの仕方を本児と一緒に考え，実行に移していくことが必要である。

■ 次の単元に向けて

係活動や班での話合い活動などの場面で，思ったことをすぐ口に出したり，相手の言葉を素直に受け止められなかったりすることがあり，友達との関わりが自分中心となっている面がある。

周囲のアドバイスをスムーズに受け入れることが難しいため，まずは本児の思いを聞いて受け止め，自覚を促しながら，他者の意図の理解を促す学習に取り組んでいくことが必要である。

〈内田 直美〉

■ 情緒が不安定で自己肯定感が 低い児童への指導

集団の中では立ち歩きやおしゃべりが止まらず，担任が注意しても暴言が返ってくることがある。読み書きにも困難さがあり，そのことで自分自身を否定的に捉える姿が見られた。家庭と学校，医療機関との連絡調整を行うことで，本児の暮らしや学びを支えた。

主とする 自立活動の 内容

2　心理的な安定　(3)　障害による学習上又は生活上の困難を改善・克服する意欲に
　　　関すること。
1　健康の保持　(4)　障害の特性の理解と生活環境の調整に関すること。
6　コミュニケーション　(5)　状況に応じたコミュニケーションに関すること。

■ 対象学年・児童の様子

小学校4年生。

入学後，落ち着きのなさや一斉指示の入りにくさなど集団生活での不適応が顕著になったことから医療受診をし，ADHDの診断を受けている。また，2年生になると画数の多い新出漢字に悩まされ，覚えられない自分に対して否定的になるようになった。家庭でも「頭を取り替えたい。死にたい」と母親に訴えるようになり，再度受診し，LDの診断も出ている。立ち歩きや授業中のおしゃべりがあり，学習の定着が課題である。

■ 指導方法・指導時間

週1回，1単位時間の個別指導。

■ 短期の計画 (3か月程度)

①本児の情緒の安定を図ること，②自分を見つめ，自分を肯定的に受け止めとようとすること，③保護者や学校，医療機関等，本児を取り巻く周囲の者がよき関わり手になること，の3点を短期の目標とした。

■ 指導のねらい

・興味・関心のある活動を担当教員と一緒に行うことで注意力や社会性を身に付ける。また，活動の中で相手の思いを尊重したり，自分の思いを伝えたりすることで，周囲の者と心地よいやり取りを積むことができる。

・読み書きや自分の学習方法に自信をもって学び続けることができるよう，本児のよりよい学び方を一緒に考える。

・本児のよさを校内や保護者，医療機関とで共有し，担当教員が本児の暮らしを支える環境の調整役になる。

■ 評価の観点

・担当教員との双方向のやり取りによって情緒が安定している。

・担当教員と共に考える中で，意欲をもって学び続けている。

・在籍学級担任や保護者，医療機関との話合いや連絡ノートなどを通して，本児を取り巻く周囲の者がよき関わり手になっていくことによって，自分を見つめ，自分を肯定的に受け止めようとしている。

■ 指導の実際

1 準備する教材・教具

- リラックストーク用メモ用紙
- 北出勝也著『学ぶことが大好きになるビジョントレーニング』図書文化社，2009年
- 山田充著『意味からおぼえる漢字イラストカード』シリーズ，かもがわ出版，2008年
- 伊東信夫著『白川静文字学に学ぶ漢字なりたちブック』シリーズ，太郎次郎社エディタス，2018年
- 竹田契一監修，村井敏宏，中尾和人著『読み書きが苦手な子どもへの〈漢字〉支援ワーク』シリーズ，明治図書出版，2020年
- 学研プラス編集，発行『小学校全漢字おぼえるカード』2017年

2 1単位時間の指導の様子

（1）リラックストーク

指導のはじめには日々の出来事を振り返ったり，今現在の状況や感情を伝えたりという双方向のやり取りを本児と一対一で楽しむようにしている。学級でトラブルがあったときには「イライラする。何も聞かないでくれ」と興奮して指導がスタートすることもあるが，しばらくトランポリンで跳んだり，気に入ったゲームに触れたりしながら，短い時間で気持ちを切り替えることも可能になってきている。

ここでは楽しかったこと，嬉しかったことは共感し，悩んでいること，困っていることは相談に乗るようにしている。話しながら内容をメモに残したり，コミック会話を用いたりして，その出来事が本児にとってどういうことであったのかが分かり，解決策を見付けやすくなるようにしている。

日々あった出来事を担当教員に伝え合うことを重ねることで，自分のよいところを知り，苦手なところを確認する作業に意味がある。集中が継続できなかったり，離席が多かったりと，何かと注意を受けることが多い本児であるが，自分を見つめ直す機会をもつことで，自分に肯定的な感覚を維持できるようになることを願い，この活動を継続している。

（2）ビジョントレーニング

本児は4年生の春まで自宅から1時間かかる療育センターへ通っていた。1時間の作業療法を受けて学校に帰ると，給食前になる。在籍学級担任は，療育で遅刻してきた日はより落ち着かず，けっきょく下校までペースをつかめずに終わっていることに悩んでいた。

そこで，主治医と担当の作業療法士に相談し，療育センターでの内容を通級指導教室での指導時間に取り入れることを提案した。内容は主に北出勝也氏のビジョントレーニングを組み合わせた内容と漢字の読み書き，プレイルームでの感覚統合をねらった自由遊びであったため，通級指導教室でも可能なことや共通したねらいをもつことができた。主治医には指導の内容と経過を定期的に報告することで了解をもらい，療育センター通いは一時休止した。

通級指導教室でのビジョントレーニングは追従性眼球運動や跳躍性眼球運動のトレーニングを主にしている。また，視覚機能を使い

ながら楽しく遊ぶことを取り入れることで，トレーニングへの意欲が継続できるようにしている。定期的に医療機関でフロスティッグ視知覚発達検査を受けているが，数値の向上が見られており，この取組が学習を支えるものの一つになりつつある。

（3） 漢字の読み書き

通級指導開始時には片仮名にも習得の困難さが見られたが，キーワード法を用いて繰り返し学習することで，習熟することができた。同様に，1年生の漢字についても読み書きともに習熟が見られた。

しかし，2年生からの漢字は画数も増え，字数も多くなったことでモチベーションが下がってきた。

そこで，2年生の漢字カードの読みに取り組むことにした。山田充氏の「意味から覚える特別支援教育カード教材」を利用し，イラストから想起しながら読みを繰り返し練習している。本児がイラストを不要と言い出すまで繰り返し読むことにした。イラストという手掛かりがある安心感や，やり方を自分で選択して取り組むことは学習の意欲の継続には欠かせないものである。

また，「小学全漢字覚えるカード」「漢字成り立ちブック」を使いながら，漢字のつくりや成り立ちを楽しみながら漢字に親しむことで記憶に残していく学習も取り入れている。

ときには，漢字のある一部分を変えることで改めて集中して漢字を認識できることから，村井敏宏氏の「読み書きが苦手な子どもへの漢字支援ワーク」を使用することもあった。

書くことには大きな抵抗があるが，得意な力を使いながら，学びやすい方法を見付けて取り組んでいる。

（4） 本児の挑戦したいこと

通級指導教室では，週に1時間，本児の好きなことをしっかり楽しむことを何より大事にしている。ボードゲームやプラバンの作製を好むが，以前は思うようにいかないと途中で投げ出してしまい，残念な気持ちで終わることもあった。

しかし，一対一の関係の中では，うまくいかない自分も受け入れ，認めていくことができた。気持ちを代弁したり，対処法を伝えたりしていくうちに，最近では「負けてもいいよ，楽しいなら」「また次，がんばればいいよね」と，自分の思うようにいかなくても，その時間を楽しんだことやがんばった過程をよしとする姿が見られるようになった。

そのような姿を褒め，担当教員が感心したり嬉しいと感じたりしたことを伝えていく。このようなやり取りが信頼関係を築くことにつながり，本児が自分を肯定的に受け入れることにつながっていった。

このような活動の積み重ねによって，感情を自分なりにコントロールしたり，他者の思いに心を寄せたりする気持ちがもて，このこ

とが集団の中での他者とのよりよい関わりに
つながっていくと考える。

（5）　保護者との連携

　保護者とは定期的に面談をしたり，指導し
たことを連絡ノートで伝えたりしている。家
庭での様子を聞き，母親が本児にどう関わっ
ているかを知る機会としている。ときには母
親の不安や要望を聞くことも大事にしている。

　保護者は我が子を見ながら，どうすれば気
持ちが安定できるのか，子供の力を伸ばして
いけるのかを考えている。そこに担当者とし
て耳を傾けていくことも大切である。

（6）　在籍学級担任との連携

　学級担任とは，どこまでがんばらせるか，
どこをどのように評価してくのか，など本児
の実態と目指す姿の擦り合わせをするように
している。漢字のテストでは本児の了解を得
て読みを中心にしたものに変えたり，事前に
解答を渡しておき，出題される問題を練習し
たりしながら，在籍学級でテストに臨んでい
る。

　友達とのテストの違いに抵抗を示したこと
もあったが，最近ではがんばりどころを伝え，
そこに向けて努力したかどうかの評価も加え
ることで，自分なりの学習方法を獲得できて
いる。

3　今後に向けて

　本児の指導を始めて1年が過ぎ，変容が
見られるようになった。「死にたい，頭を取
り替えたい」と言っていた本児も，今では
「ぼくってADHDとLDが混ざったタイプな
んだって。すごいよね」と笑いながら話すよ
うになった。

　自分のことを肯定的に，そしてできないこ
とも周囲の助けをもらいながらがんばれるよ
うになった。

　これは，通級による指導の時間だけではな
く，本児に関わる者がつながり，本児のよさ
や存在を共に喜び，支えたいという気持ちの
ベクトルが本児への温かいまなざしへと変わ
ってきたからである。

　通級指導教室の担当教員として，今後も本
児を支えるチームの一員としての役割を果た
していきたい。

〈中垣　彰子〉

感情のコントロールが苦手な児童への指導

認知的な課題や体の使い方の不器用さ等により感情のコントロールが苦手な児童に対して，課題の解決について考える学習とソーシャルスキルトレーニングを組み合わせて指導し，在籍学級担任や保護者と連携しながら改善を目指す。

主とする自立活動の内容

3 人間関係の形成 (3) 自己の理解と行動の調整に関すること。
5 身体の動き (1) 姿勢と運動・動作の基本的技能に関すること。
4 環境の把握 (5) 認知や行動の手掛かりとなる概念の形成に関すること。

■ 対象学年・児童の様子

小学校2年生。

感情のコントロールが苦手で，思いどおりにいかないことがあると周囲への衝動的な言動が見られる。時間を置き，場所を変えて話を聞くとクールダウンできるが，失敗経験が自信の喪失につながっている。動きのぎこちなさや不器用さ，集中や姿勢保持の苦手さ等もある。読書が好きで，語彙が豊富な強みを生かした指導が可能である。

■ 指導方法・指導時間

週1単位時間の個別指導を基本にし，月に1～2回，2～3名の小集団指導を行う。事例では個別指導を取り上げる。

■ 単元の計画 (5単位時間扱い)

【単元名】いかりをコントロールしよう

単元の導入に取り入れるカードゲームをきっかけに，怒りの表出の仕方について自分の傾向や問題点に着目できるようにする。相手や自分を傷付けずに対処する方法を考え，在籍学級での般化につなげていく。児童のがんばりや変容を可視化し，意欲を高める。

ソーシャルスキルトレーニング（以下，「SST」という）と併せて，学びや行動の土台となる力（体の動き，認知能力）を高めていくことが大切であると考え，体の動きや認知能力アップ，SST等の内容を組み合わせて指導する。

・1時間目：ふわふわ・ちくちくことばゲーム
・2時間目：たいせつなことば・ポイしたいことば
・3時間目：いかりの5だんかい
・4時間目：チャレンジ！ いかりのコントロール
・5時間目：がんばったことをふりかえろう

■ 単元の指導のねらい

・自分がどんなことに腹を立て，どんな様子で怒るのかを知ることで，日常の中で気を付けるポイントを意識することができる。
・怒りをコントロールするための方法を自分で考えて実行できる。

■ 単元の評価の観点

・相手に対する不適切な行動を行うことなく，自分が決めたコントロール方法を使ってク

ールダウンをしている。

■ 本時までの流れ

1 ふわふわことば・ちくちくことばゲーム

　温かい言葉と人を傷付ける言葉が書かれたカードを，山札からランダムにじゃんけんのように出す。「ふわふわ言葉」のカードを出したら得ることができるというルールである。「ちくちく言葉」を負けにするルールは，児童から引き出す。指導者が言葉の是非を提示するのではなく，ゲームを通して児童自身が感じ取ることをねらう。

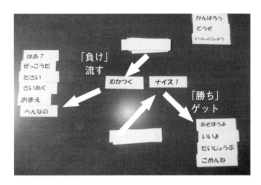

2 いかりの5だんかい

　「いかりのリスト」を見ながら5段階表に整理し，自分の怒りのきっかけやレベルを知る活動を行う。「いかりのリスト」は，事前に在籍学級担任と話し合って作成しておく（前時に児童と話し合った内容も入れる）。

　衝動的な言動（レベル5）を回避する方法を見付けることを予告し，本時につなぐ。

■ 本時の指導の実際 (4時間目)

1 準備する教材・教具

・タンバリン
・○×ピンポン
・めいろのワーク（「ちびむすドリル」）
・コントロール方法（提示用）
・チャレンジシート

2 本時のねらい

・相手に対する不適切な行動をしない方法を選ぶことができる。
・選んだ方法を練習し，在籍学級で実際に使うイメージをもつことができる。

3 指導の様子

(1) ボディートレーニング

「注意して音を聞き，リズムや速さに合わせて動いたり止まったりしましょう」

　動と静を判別して動くことで，衝動的な行動の抑制や，状況に合わせた動きができる力の育成をねらう。音の数を聞き，10の倍数を歩いてぴたりと静止する動きを行うこともある（聴覚性ワーキングメモリーを高めることにも有効）。

> **配慮事項**
> ・「○×ピンポン」を用いてゲーム的に楽しみながら行う。

●タンバリンの音に合わせた動き（例）
① 「タン・タッカ　タン・タッカ……」→ スキップ
② 「シャラ・シャラ・シャラ・シャラ」→ 走る
③ 「タン」→ 静止
　　「タン」→ 一歩出して静止 （連続する）
・5〜6回，正確に一歩を出せたら「○」。音を聞かずに一歩を出したら「×」

※①～③をランダムに，速度や間（静止時間）を変えながら指示を繰り返す。

（2）認知能力アップトレーニング

「『めいろ』のワークをします。分かれ道で止まり，進む方向を確かめましょう」

配慮事項
・活動のめあてや成長したことを示しながら行う。
・検査等のアセスメントから児童に必要な課題を考慮し，内容を選ぶ（本事例では，認知能力アップトレーニングの内容）。

（3）ソーシャルスキルの学習

① 学習の流れとめあての確認

「次の学習は，『チャレンジ！　いかりのコントロール』です。めあてを書きましょう」
・めあて：自分のコントロール方法を見つけ，教室でできるようにしよう。

配慮事項
・前時の学習を振り返り，衝動的な言動を回避するために自分に合った方法を見付けることを確認する。

② 自分ができそうな方法を選ぶ

「いろいろな『わざ』を試してみましょう」

怒りの対処方法の例を見て，動作をしたり言葉を考えたりしながら試し，自分にできそうな方法を選ぶ。

配慮事項
・児童の実態を考慮して方法例を作成する。

・はなれわざ：相手から離れる
・リラックスわざ：肩をもんだりたたいたりする，息を吸ったり吐いたりする，力を抜く
・べつの（暴力以外の）力わざ：ぎゅっとこぶしを握る，その場でジャンプする，踊る
・お話わざ：呪文を唱える，大人に話す，正しい言葉で伝える
・くふうわざ：本を読んで気を紛らす，誰かのまねをする（学級のモデル），楽しいことを想像する　等

③ 実際に動いて方法を確認する

「選んだ方法を練習しましょう」

ボディートレーニング「音に合わせて動こう」の活動を再び行い，ストップと指示されたときに回避方法を実行する。

④ 取組方法を理解する

「チャレンジシートにシールを貼りながら，3週間取り組みましょう」

配慮事項
・主体性をもてるように，シールの色やポイントは児童が決めるようにする。

・怒ることがなく過ごせた日→青シール
・決めた方法を使って衝動的な言動を回避できた日→緑シール
・衝動的な言動をした日→赤シール

・青，緑は 1 点，赤は 0 点

・3 週間で 10 ポイント以上を集める　等

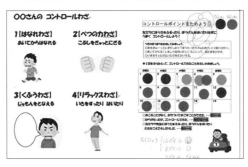

（5）　本時の振り返り

「今日の振り返りを書きましょう」

はじめに書いた学習のめあてについて振り返る。

> **配慮事項**
> ・「できたこと」「がんばったこと」「生活の中で取り組みたいこと」等，振り返りの視点をカードで示しておく。

4　指導後の手立て

（1）　在籍学級担任

・取組について在籍学級担任と共有する（本児が伝えることも有効）。

・本児が怒りそうな場面で，「わざ」を促す言葉かけをする。

・1 日を振り返り，シールを貼りながらがんばりを称賛する。

・周りの児童への対応等に配慮する。

（2）　保護者

・取組について伝え，家庭で毎日様子を聞いたり励ましたりする。

> **配慮事項**
> ・次時にチャレンジシートを見ながら経過を確認し，使える「わざ」（使えなかった「わざ」）やポイント等について見直しをする。

5　次の単元に向けて

次単元では，怒りの底にある気持ちに目を向け，相手に適切な言葉で伝えたり，周りの大人に相談したりして解決する方法（言語化）について学習する。また，認知能力を高めるトレーニングに，複数の絵カードを並べ替えて説明をする活動も加える。

〔参考文献〕

・武藏博文監修，齊藤佐和，小郷将太，門脇絵美著『楽しく学べる怒りと不安のマネジメント　カンジョウレンジャー＆カイケツロボ』エンパワメント研究所，2015 年

・日本アンガーマネジメント協会監修，篠真希，長縄史子著『イラスト版　子どものアンガーマネジメント』合同出版，2015 年

・カーリ・ダン・ブロン，ミッツィ・カーティス著，柏木諒訳『これは便利!!　5 段階表　自閉症スペクトラムの子どもが人とのかかわり方と感情のコントロールを学べる 5 段階表　活用事例集』スペクトラム出版社，2006 年

・宮口幸治著『コグトレ　みる・きく・想像するための認知機能強化トレーニング』三輪書店，2015 年

・インターネット教材「ちびむすドリル」
https://happylilac.net

〈池本　久美〉

84

動きをコントロールすることに苦手さのある児童への指導

多動傾向があり，運動場面においても動きのコントロールに困難さが見られる児童。示された手本を注視できていないことが原因と考えられたため，模倣したり，動きや速さを調整したりできるように指導した。

主とする自立活動の内容

5　身体の動き　(1)　姿勢と運動・動作の基本的技能に関すること。
3　人間関係の形成　(4)　集団への参加の基礎に関すること。

■ 対象学年・児童の様子

小学校1年生。

体を動かすことは好んでいて，体全体を使って思いきり動く活動は積極的に取り組むことができる。一方で，例えばケンパーの輪に合わせて示されたようにジャンプをする活動では，輪の数に合わせて跳ぶことができず，輪を飛ばしてしまったり勢いに任せて跳んでしまったりする。輪に注目しながら体を動かすことができていないことが多く，教具を注視しながら運動することの苦手さがあると考えられる。動きや速さをコントロールする必要がある活動では，苦手意識からふざけて見える行動を取ってしまうこともある。

■ 指導方法・指導時間

週1単位時間の3名で行う小集団指導と，週1単位時間の個別指導を行う。小集団では，コミュニケーションと運動の指導を行う。事例では，小集団における運動の指導について取り上げる。

■ 単元の計画（3単位時間扱い）

【単元名】よく見て動こう

学習の内容としては「準備運動，いろいろ歩き，輪っかジャンプ，サーキット運動（トランポリン，ボール的当て，紐ボールキャッチ，風船打ち），線上鬼ごっこ」という学習の流れで行う。3時間扱いで，1時間ごとに少しずつレベルや方法を変えながら実施する。

一つ一つの活動の際に，運動しながら「見る」ことを意識できるようにそれぞれポイントを確認する。

■ 単元の指導のねらい

体を動かす活動の中で，示されたように動きを調整する力を高めることをねらいとする。運動そのものを楽しみながら，力や速さに強弱を付けるような動きを取り入れることで，動きを調整する感覚をつかむことができるようにする。

また，小集団指導の中で，授業の流れに合わせて行動をコントロールすることもねらいの一つとしている。

■ 単元の評価の観点

・いろいろな運動の中で，示された教具に注目して運動している。

・運動を通して，体の動きをコントロールし

ている。

・小集団の中で，全体の流れに合わせて行動を切り替えている。

■ **指導の実際** (2時間目)

1 準備する教材・教具

- ・ケンパーの輪
- ・紐付き小ボール
- ・風船
- ・トランポリン
- ・ボール

2 本時のねらい

- ・示されたポイントを意識して，よく見て運動することができる。
- ・動きをコントロールすることができる。
- ・指示に合わせて，自分の行動を素早く切り替えることができる。

3 指導の様子

(1) 学習の見通し・めあての確認

「黒板を見てください。今日の運動の流れを確認します」

「今日の運動の学習のめあては『よく見て上手に動こう』です」

(2) 準備運動

「準備運動をします。先生の動きをよく見て，同じ動き，同じ速さで動きます。よく見てくださいね」

(3) いろいろ歩き

- ・線上歩き：ゆっくり歩く，静かに歩く，つま先歩き，教師と同じ速さ，リズム太鼓の速さに合わせる
- ・線上ダッシュ：合図で素早く走る，合図ですぐに止まる
- ・動物歩き：カニ歩き，くま歩き，ワニ歩き

「次は，いろいろな動きを行います。自分の線のところに立ってください」

「はじめに，線の上から落ちないように，線をよく見て真っすぐ歩きます」

「次は，線の上から落ちないように，○○先生と同じ速さで歩きます」

「次は，音が鳴ったら線の上を走ります。でも，走っている途中で音が鳴ったら，ピタッと止まります」

（4） 輪っかジャンプ
「次は，輪っかを使っていろいろなジャンプに挑戦します。先生が見本を見せるので，同じように跳んでみましょう」

「跳ぶときは，よく輪っかを見て，輪っかと同じ数だけ跳びます」

プして輪に入るたびに自分で1回手をたたくようにして，速さのコントロールをする。
・必要に応じて，跳ぶリズムをリズム太鼓で示すなどする。

（5） サーキット運動
「次は，サーキット運動を行います。今日のサーキット運動の内容について説明します（黒板に掲示したボードで確認する）」
「1か所で40秒間挑戦します。タイマーが鳴ったら次のところに移動します。4つ全部できたら一周です。全部で2周行います」
「それでは，サーキットの準備をします。準備したい道具の希望を聞きます。希望が重なったらじゃんけんで決めます」

① トランポリン
「トランポリンは目印のあるところを意識して，できるだけ真ん中で跳ぶようにします。できるだけ高く跳べるように挑戦してみましょう」

② ボール的当て

「的をよく見て，ボールを当てます。輪っかの中にできるだけたくさん，ボールを当てられるように挑戦してみましょう」

③ 紐ボールキャッチ
「ボールをよく見て，ボールが自分の目の前に来たら，両手でキャッチしてください。ボ

ールをよく見ることがポイントです」

④ 風船打ち

「風船は力いっぱい打ってしまうと，思った方向と違う方向に行ってしまうことがあります。力を加減して優しく打つことが，落とさずに続けて打つポイントです」

配慮事項

・うまくできなかったときに気持ちを崩さないよう，始める前に最初はうまくできないという前提で話をし，何度も行う中で上達することを確認する。
・安全に配慮して活動の場を設定する。

（6） 線上鬼ごっこ

「最後は線上鬼ごっこです。鬼も逃げる人も動いていいのは，プレイルームの線の上だけです。線をよく見ながら，鬼からも上手に逃

げましょう」

配慮事項

・活動を楽しみながらめあてを達成することが目的なので，鬼に捕まることで気持ちを崩してしまう児童に対しては，教員のほうで調整し，捕まらないよう配慮する。

（7） 振り返り

「今日の運動の学習を振り返ります。今日のめあては『よく見て上手に動こう』でした」

配慮事項

・よかったことやできたこと，また前時に比べて上手にできていたことを評価する。
・見通しがもてるように次時の予告をする。

4 次の単元に向けて

　次の単元では，ボールを使った運動を取り入れる。相手をよく見て投げること，相手の動きやボールをよく見て捕ることをポイントにして学習を進めていく。

〈蒲生 花子〉

運動や動作及び集中力に困難さのある児童への指導

自分の身体の動きをイメージできず，体力や持久力が弱く集中力が続かず，遊びや運動にうまく参加できない児童がいる。本事例では，意欲的に参加できる運動経験を通して，身体の動きや体力を高め，通常の学級での活動を楽しむことができるようにする。

> **主とする
> 自立活動の
> 内容**

2 心理的な安定 （1） 情緒の安定に関すること。
5 身体の動き （1） 姿勢と運動・動作の基本的技能に関すること。
6 コミュニケーション （5） 状況に応じたコミュニケーションに関すること。

■ 対象学年・児童の様子

小学校2年生。

運動機能の発達がゆっくりである。学習の理解力はあるが，集中力が続かないので活動が終えられない。

体育の授業では理解してできる運動もあるが，歩く，走る，投げるといった基本的な動きがぎこちないままである。作業療法士による見立てを参考にして指導を行った。

■ 指導方法・指導時間

週1単位時間に3名で行う小集団指導と，週1単位時間の個別指導を行う。事例では小集団指導を取り上げる。

■ 単元計画 （8単位時間扱い）

【単元名】サーキット運動「チャレンジしよう①」

ケンケンパー，トランポリン，ジャンプ，腕の振り上げ，マットで身体を丸める運動を加味したサーキット運動に取り組む。運動を持続することで体力を高める。友達と動きを見合って，集中力を持続できるようにする。また，うまくいかない動きも次にチャレンジしていこうとする気持ちのもち方を学び，通常の学級で生かせるようにする。

■ 単元の指導のねらい

単元指導の導入でビジョントレーニングを行う。物の動きを眼で追う追従性眼球運動と跳躍性眼球運動の力を高める。遊びや運動で，道具の動きや友達の動きを捉えられる力を高め，運動に参加できる力を伸ばす。

サーキット運動では，児童が習得していない身体の動きを取り入れる。例えばトランポリンでは，たわみを反動にして跳び上がる動き，中心で跳び続けるイメージ，腰と膝を緩めて動きを止める指導を行う。

ビジョントレーニングは，年間を通して各単元の導入で継続した指導を行う。サーキット運動は，通常の学級の体育の授業で行う運動と連動させ，指導する内容を選定する。体力と集中力を高めるねらいがあるため，年間を通して指導を行う。

■ 単元の評価の観点

・サーキット運動を意欲的に行っている。
・トランポリンで跳ぶ動き，止まる動きをしている。

・両手で棒を握り，頭上まで振り上げている。

・体を丸めて，30秒以上ゆらゆら揺れている。

・運動に集中して続けている。

■ **指導の実際** (3時間目)

1　準備する教材・教具

・ビジョントレーニングの教材

・椅子用座布団，バランスディスク，足台，ケンステップ，くねくねトンネル，トランポリン，新聞棒，バランスボール，マット

・やくそくカード，話し合いヒントカード

・表情シート

2　本時のねらい

・追従性眼球運動ができる。

・トランポリンでめあての回数まで跳び続けることができる。

・前回より肩を意識して高く棒を振り上げることができる。

・丸めた体でバランスを取ってゆれることができる。

・うまくいかなくても，気持ちを切り替えることができる。

3　指導の様子

（1）　めあての確認

「サーキット運動をします。めあては，『一つ一つの運動名人になろう』です」

> **配慮事項**
> ・集中して最後まで運動できるよう，掲示物を用意しておく。

（2）　ビジョントレーニング

「まず，ビジョントレーニングの準備体操をしましょう。……」

「始めに，左から右へ動かしましょう」

「次は，上から下に動かしましょう」

「丸を描きながら眼で追いかけっこしましょう」

「眼でジャンプしましょう。1，2，3，……」

「今度は斜めにジャンプしましょう」

「最後は目を寄せてみましょう」

> **配慮事項**
> ・眼が疲れるので，様子を見ながら回数を調整して行う。
> ・1回でできなくても，友達のできる様子を見てまたやってみようと気持ちを切り替えられるようにする。
> ・座る姿勢を補助する座布団，バランスディスク，足台を使う。

「次は，数数えです。1〜20まで見付けましょう」

「指体操です。しっかりグーを作ってやりましょう」

「体体操です。椅子を後ろに置いて立ちましょう。最初のかけ声は，先生がします」

「次は○○さん，かけ声お願いします」

（3）　サーキット運動

「次はサーキット運動をします。今日気を付けてほしいところを説明します」

「トランポリンはつま先で跳んで高く跳びましょう。めあての回数をタイマーで確かめて最後まで跳びましょう」

「竹刀振りでは，腕を肩までしっかり上げてから，ボールを叩きましょう。ゆっくりと高く上げる動きをしっかりやりましょう」

「体を丸める運動では，前より横に崩れないで30回できるといいですね」

「運動をするときの約束を確認しましょう。

『楽しむ，がんばる，やすむ，たすけてもらう，たすける』

『おどろかない。おこらない。なかない。なんとかなるさ。まあいいっか』

です。最後に，運動した気持ちを聞きますからね」

「サーキット運動の順番を決めます。相談の仕方を見て，やる順番を決めてください」

（4）　振り返り

「今日の振り返りをしましょう。……」

> **配慮事項**
> ・できたこと，がんばったことを振り返り，次時の学習につなげる。
> ・運動をしたときの気持ちを言葉で言い表す経験を積み重ねる。

4　次の単元に向けて

　次の単元では学校全体の取組であるチャレンジロープを取り上げ，縄跳びのスキルを身に付けるとともに，持久力を付けるようにしていく。ビジョントレーニングでは，眼と体の協応性に重点を移していく。

　授業や遊びの様子を観察し，必要な指導を単元に取り入れていく。

〔使用教材〕

・北出勝也著『勉強と運動が苦手な子のビジョントレーニング』PHP研究所，2017年

〔使用教具〕

・座布団：p!nto Kids……正しい姿勢を習慣付ける

・トランポリン：120cm直径サイズ

・バランスボール

〈加藤　覚子〉

■ 落ち着きがなく衝動性が高い児童への指導

じっと着席して話を聞くことが難しく，姿勢保持が困難な児童。ボディイメージを高めることで姿勢や動きの速さ，力加減を自分でコントロールできるようにし，行動する体験を積むことで日常生活でも自己抑制の意識を高めることができるようにする。

主とする自立活動の内容

4　環境の把握　⑵　感覚や認知の特性についての理解と対応に関すること。
　　　　　　　　⑷　感覚を総合的に活用した周囲の状況についての把握と状況に応じた行動に関すること。
5　身体の動き　⑸　作業に必要な動作と円滑な遂行に関すること。

■ 対象学年・児童の様子

小学校3年生。

とても素直で手伝いを頼まれると喜んで取り組み，優しい人柄である。人と関わることが好きで，休み時間や放課後はよく友達と遊んでいる。しかし，衝動性が高く，自分がほしいものを断りなく取ったり，やりたいことを優先して約束を守れなかったりする。

更に，触覚に偏りがあり，傷口のかさぶたを自らはがしてしまったり，上履きを履きたがらなかったり，他者から触られることを不快に感じたりすることがある。また，人と程よい距離感を保つことに課題が見られる。

授業中は同じ姿勢を一定時間保持することが難しく，常に体を動かしたり手いたずらをしたり，口にものを含んだりしており，集中力も持続しにくい。教員の話はおおよそ聞いているが，思い付いたことや気になったことをすぐ話してしまう。

また，書字につまずきがあり，漢字を覚えることや板書を写すことに対して苦手意識が強い。

■ 指導方法・指導時間

週1回，1単位時間の個別指導と1単位時間の小集団指導を行う。事例では個別指導を取り上げる。

■ 単元の計画

【単元名】上手に体を動かそう

基礎となる触覚，平衡感覚，固有覚の発達を促す活動を行う。それぞれの活動では目標や課題を設定し，教えられた体の動かし方を意識してクリアを目指す。最初は用具に慣れることから始まり，本児の様子を見ながら次第に設定する課題の難易度を上げていく。

■ 単元の指導のねらい

体を意図的に動かしてボディイメージを高める。設定した課題が「クリアできた」「上手にできた」と達成感を味わい自信をもつことで，日常生活でも姿勢や行動をコントロールしようとする意欲を高める。また，自分の行動を振り返り，衝動的に動いていることを自覚して，考えてから行動するということを実践する。

■ 単元の評価の観点

・教えられた体の動かし方を意識して活動に取り組んでいる。

・上手にできたことや，できなかったことができるようになったことを実感している。

・担当教員から指摘されたときに，衝動的に行動したことを振り返っている。

■ 指導の実際

1 準備する教材・教具

・スクーターボード，ロープ

・平均台，マーカーコーン

・トランポリン，ボール，矢印を描いたボード

・食器洗い用スポンジ

2 1単位時間の指導の様子

（1） スクーターボード

① スクーターボード引き

あぐらなどの座りやすい姿勢でスクーターボードに座ってロープを握り，担当教員がそのロープを勢いよく引っ張る。

・ボードから落ちないようにバランスを取ろうとするときや，勢いよく引っ張られて加速度を体感したときに平衡感覚が働く。

・親指と他の指が向かい合ってロープを握ることで，手指の発達を促す。

・引っ張られる力に負けないようしっかり体を支えようとするときに，姿勢保持に必要な固有覚が働く。

> **配慮事項**
> ・広い部屋で大きく回転したり，180度方向転換をしたりするときに，児童が怖がっていないか，楽しんでいるか，注意を払う。

② 壁蹴り

スクーターボードの上にうつ伏せで乗る。足の裏で壁を思いきり蹴り，指先から足先まで体をピンと伸ばして前進する。「ウルトラマンの姿勢！」と言葉をかけてイメージできるようにする。戻るときは，うつ伏せで乗ったまま，手のひら全体を床に着けて腕の力で漕いで前進する。

・体の重心を感じ，バランスを取ろうとすることで平衡感覚が働く。

・真っすぐ伸ばした姿勢を維持することで，固有覚を働かせ筋緊張をつくり出す。

・手のひらで漕ぐときに，肩甲骨から腕全体で上肢を支えることになり，書字やボール投げなどの手を使う動作の基礎となる。

> **配慮事項**
> ・スクーターボードのタイヤが児童の手を踏まないように，ボードの幅より外側に手を出して漕ぐように指示する。

③ レスキュー隊

スクーターボードの上に仰向けで乗り，首を持ち上げ，ロープを伝って後方へ進む。

・首を持ち上げるときに，座学の際に必要な頭部を安定して支える体幹を働かせる。

・両手を交互に出す協調運動と，ロープの位置を見て確かめながらつかむ目と手の協応動作のトレーニングになる。

配慮事項

・後方へ進むため，頭をぶつけないように注意を促す。ロープを柱等にくくりつける場合には，その柱にマットやクッションを置き，ぶつかったときにも衝撃を和らげるように配慮する。

（2）　平均台

① ゆっくり歩く

平均台の上を落ちないようにゆっくりと歩く。パーツを1つずつ踏んで進む。

・平均台を勢いで渡りきるのではなく，ゆっくり歩くことで，バランスを取ろうとするときに平衡感覚が働く。

配慮事項

・高さがあることで不安を強く感じる場合には無理をさせず，床に貼った養生テープの上を歩く等，児童に合わせて場を設定する。

② パーツの色を言って進む

平均台のパーツの色を言ってから，そのパーツを踏んで進む。

・衝動性が高いと，言い終わる前に進んでしまう。一つ一つの行動をやり終えてから（ここでは言い終わってから）次の行動へ移すことを重要視する。行動する前にいったん立ち止まり，考えてから動くという体験をする。

配慮事項

・速さではなく正確性が大事であることを事前に伝える。

③ マーカーコーンをよける，拾う

平均台の上にマーカーコーンを置き，それをまたいで進む。また，コーンを拾って進む。

・不安定になる状況をつくって，平衡感覚をより刺激する。

（3）　トランポリン

① 頭でタッチ

トランポリンの真ん中で，児童の頭上に（頭1個半〜2個分程度離す）柔らかいボールを持つ。そのボールを頭でタッチするようにトランポリンを跳ぶ。

・体をピンと真っすぐ伸ばし，左右にぶれないように高く跳ぶ。この跳び方をすることで，体の軸となる正中線を感じ，平衡感覚を効果的に刺激することができる。

② 矢印体操

トランポリンを跳びながら，提示された矢印の方向（上下左右）を腕で示す。
・跳びながら一点を見続けることで，眼球運動のトレーニングになる。

（4） タッチング

スポンジの柔らかい面を皮膚にタッチする。タッチされている部分に児童が注意を向け続けることができるようにする。
・タッチされている部分を意識することで，触覚過敏を軽減する。
・全身をタッチすることで，自分の体の輪郭やサイズを実感してボディイメージが育つ。

りすると，くすぐったがり防衛反応が出やすくなるので，広い面でグッと押し当てるようにする。
・不快に感じている場合には，タッチするものを柔らかいタオルやツルツルした缶等に変える。手のひらや甲など過敏ではない部分から始めて，短時間で終わりにする。長い期間をかけて徐々にタッチする場所を広げていき，苦手な場所に近付けていくようにする。
・意識が逸れやすい場合には，強さやタッチするものをタワシやブラシに変えるなどして，触られていることがはっきり認識できるようにする。

3 次の単元に向けて

本単元の活動は，楽しみながら意欲的に取り組んでいる。自分でもうまくできていることを実感して自信がもてるようになってきたことから，学習にも前向きに参加する姿が見られるようになった。

しかし，授業中，口にものを入れる自己刺激行動は変わらず，周囲の児童が「汚い」と不快感をもち始めている。

そのため，引き続き身体の感覚を発達させ自己刺激行動を減らすようにするとともに，ソーシャルスキルトレーニングを取り入れていく。そして，自己の言動を振り返ったり，他者との感じ方の違いを認識したりして，場面に合わせた言動を考える。身近な出来事を取り扱い，実際の場面と関連付けて考えていけるよう，より一層在籍学級の担任や保護者と連携していく必要がある。

〈後藤 清美〉

■ 集中に困難さがあり，衝動的な行動が出てしまう生徒への指導

授業中に集中の困難さと衝動的な言動が見られることから，学習にうまく参加できない状況がある生徒。本人の学習への意欲や，がんばろうとする意識を大切にしながら，適切に集中するための方法を身に付け，学習活動に意欲的に参加できるようにする。

> **主とする自立活動の内容**
> 3 人間関係の形成 ⑶ 自己の理解と行動の調整に関すること。
> 2 心理的な安定 ⑶ 障害による学習上又は生活上の困難を改善・克服する意欲に関すること。

■ 対象学年・生徒の様子

中学校1年生。

集中して継続的に学習することに苦手意識があり，姿勢の保持や，相手の話を最後まで聞くこと，指示された作業にすぐ取り組むこと等に課題がある。周囲の気になる状況に衝動的に反応して，大きな声を出してしまったり，いきなり授業とは関係のないことを発言したりしてしまう。

授業の進行状況を把握しきれず，失敗した後にはいつも反省はするものの，基礎的な学力がなかなか身に付かない状況がある。

■ 指導方法・指導時間

週2単位時間の個別指導を行う。

■ 単元の計画（5単位時間扱い）

【単元名】10分間・集中7（seven）

集中することと，それを緩めることを感覚的にイメージすることにより，本人にとっての集中が持続できる方法を見付け出すことに取り組む。具体的には，本人が楽しいと思える課題の中に，苦手としている課題を組み込み，そのことにも取り組めるようにしながら，集中の持続をイメージできるようにする。活動を振り返ることで集中するための方法を考え，また，うまくいかなかったときの気持ちの切り替え方を学び，衝動的な言動をコントロールし，在籍学級での学習に生かせるようにする。

■ 単元の指導のねらい

楽しみながら課題に取り組むことにより，集中することとはどういうことなのかをイメージできるようにする。

集中を継続させるためにはどうしたらよいのかを考え，在籍学級の担任とも連携し，その方法を実践する。

自らの授業態度のチェックを口頭で行い，振り返ることによりその成果が見られるようになったら，本指導の終了のめやすとする。

■ 単元の評価の観点

・課題を楽しみ，一つ一つの課題に集中して取り組んでいる。

・課題に取り組んでいるときには，衝動的な言動をコントロールしている。

・集中するためにはどうしたらよいのかを自分なりに工夫している。

・実際の授業での様子を振り返り，授業への参加がうまくいき始めたかどうかを自分でチェックしている。

■ 指導の実際 (2時間目)

1 準備する教材・教具

・手順書付き記録用紙
・課題設定用くじ（7のくじ）
・ストップウォッチ
・いじわるさいころ
・ブロック仕分け（ケース，レゴ）
・Magic 9（的当て）
・ドーナツオンドーナツ
・タブレット端末
・塗り絵，色鉛筆
・バッティングマシーン，パットゴルフ，ミニピンポン，学習カード（英語，数学，国語），ミニ輪投げ

2 本時のねらい

・集中して課題に取り組むことができる。
・課題に取り組むときに集中できるようにプランニングし工夫することができる。
・今日の取組について自己評価し，集中することのイメージをもつことができる。

3 指導の様子

（1） めあてと課題の確認

「『10分間・集中7』をします。集中力アップのためのトレーニングです。手順書に沿って進めていきます」

> **配慮事項**
> ・興味・関心を高めるために，課題のネーミングを工夫する。
> ・聞き落としや間違いがないよう，またその都度確認ができるよう，取組方法やその内容，自己評価を1枚のプリントにまとめる。

（2） トレーニング内容の決定

課題のくじ（「7のくじ」）を引いてチャレンジするトレーニングを7つ決める。取り組む順番も決め，記録用紙に記入する。

> **配慮事項**
> ・本人の興味・関心や得意・不得意，課題から，教材・教具を17個準備する。それを「運動系」「細かい運動系」「アプリ系」「ジョーカー」の4つの領域に分類し，まんべんなく取り組めるようにする。ただし，「ジョーカー」は課題に含まれなくてもよい。

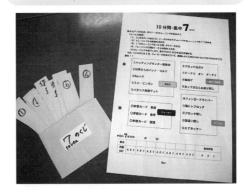

（3） トレーニングの開始

自分で決めた順番に従ってトレーニングを進める。教員がタイムキーパーを務める。

> **配慮事項**
> ・主体的に取り組めるように，言葉かけや指示，アドバイスは最小限にとどめる。課題間に1〜3分程度簡単な振り返りの時間を設け，ABCで自己評価をする。
> ・1課題最長10分として計測する。ただし，課題によっては10分かからないものもある。

① ジョーカー　国語：学習系

　「ジョーカー」をくじで引いたら，問題数を決める「いじわるさいころ」を振り，出た目の数だけ問題に答える。最大20問。さいころの目は「1」「15」「17」「20」で，「20」だけ3面ある。

② ブロック仕分け：細かな運動系

　指定された場所にブロックを仕分けして片付けていく作業。どれだけ早く作業できるかのタイムレースである。

③ Magic 9：運動系

　1～9までの数字が書かれている的に向け

て12個のボールを投げる（マジックテープでくっつくようにしている）。当たったところの数字が得点になり，得点の計算を暗算で行う。

④ ドーナツオンドーナツ：細かな運動系

　形の違う9つのドーナツを不安定な器の上にタワーのように重ねていくゲーム。慎重さと集中力が必要。きちんと積み上げた時点で終了となる。

⑤ 間違い探し：アプリ系

　たくさんの漢字の中から1つだけ違う漢字を見付ける。指導者との対戦方式で行う。

⑥ あってはならない塗り残し：細かい運動系

　大人を対象とした塗り絵（塗り絵カレンダー等）を活用する。塗り残しやはみ出しが「あってはならぬ」課題である。

⑦ フィンガードライバー：アプリ系

　指先でハンドルを回すことによって車を道路に沿って走らせるゲーム感覚のアプリであ

る。ハンドルさばきがなかなか難しく，集中しないと先に動かせない。

（4）　その他のトレーニング

① バッティングセンター国泰寺

集団指導室内をバッティングセンターに仕立てて，バッティングマシーンから出るボールを打つ。

② 社長さんのパットゴルフ

パター練習機を使用する。

③ ミニピンポン

生徒用机２つ分程度の卓球台でのピンポンをする。

④ バランス刺激マット

空気で膨らませた円盤状のマットの上に，両足や片足でバランスを保ちながら１分30秒以上立ち続ける。

⑤ 学習カード

中学校１年生の基本的な英単語の意味や，変わった読み方の漢字の読みを答える。

⑥ 輪投げ

⑦ 脳トレブロック崩し

ねらいを定めてブロックを崩すアプリである。

⑧ ブロック崩し

動くボールを跳ね返しながらブロックを崩していくアプリである。

⑨ エアホッケー

指導者との対戦形式のアプリである。

（5）　総合評価

今回の取組の振り返りと総合評価（自己評価）を記入し，取組の様子を生徒同士で交流する。評価をする言葉かけではなく，「すばらしい」「嬉しいね」「感動した」などの気持ちを表す言葉かけをする。

配慮事項
....

・集中することができていたか，衝動的な行動がなかったかを含め，ＡＢＣの３段階で総合評価をする。その際，なぜその評価をしたのかをしっかり意識できるようにする。

・楽しく活動できたかを必ず確認する。

4　次の単元に向けて

次単元では，生徒の集中の様子や，保護者や在籍学級の担任からの情報を確認した上で，授業中の衝動的な行動を減らすにはどうすればよいのかに焦点を当て，チェックリスト（「これってやっていいこと!?　わるいこと!?〜授業編〜」）にチェックしながらその方策を考え，深めることで，学習活動により参加できるようにする。

〈向井　浩之〉

学校で話すことに困難さのある児童への指導

学校生活に不安感のある児童について，リラックスできるような簡単な運動や，自分の気持ちや感情を表すための言語の力を高めるワーク，担当教員との日記を通したコミュニケーション，不安感を軽減するためのソーシャルスキルトレーニング等を行った。

主とする自立活動の内容

2　心理的な安定　（1）　情緒の安定に関すること。
3　人間関係の形成　（3）　自己の理解と行動の調整に関すること。
6　コミュニケーション　（4）　コミュニケーション手段の選択と活用に関すること。

■ 対象の学年・児童の様子

小学校6年生。

年少時に広汎性発達障害の診断を受けた。年長時は選択性かん黙のみの診断となった。

1　学校での様子

6年生の現在，学級の中で自分から友達や担任に話しかけたり雑談をしたりすることはほとんどないが，音読発表や朝の会・帰りの会の司会，スピーチ等をしている。委員会の仕事で全校児童に向けた放送も行った。

周囲の友達からの言葉かけが多く，授業では表現物を見合って交流することができている。自ら挙手して発表をすることも2回程度あった。担任からの質問にはうなずいたり小声で答えたりし，「ノートを忘れました」「お箸を忘れました」等，困ったことがあるときは担任の耳元まで近付いて伝えている。

休み時間には一人で読書をして過ごすこともあるが，集団遊びに参加することも多い。

しかし，遊びに入りにくいときなど，声をかけてもらえるまで担任の周りを行き来することがあった。登下校中は，入学前からの話しやすい友達とは，笑顔で話せている。

通級指導教室では，担当教員の言葉かけに小さい声で答えたり，ホワイトボードを用いて筆談をしたりしている。また，指で指す，うなずく，首を振る，ものを見せるなど，動作でも自分の意思を伝えようとしている。放課後，母親と弟と通級指導教室を訪れたときには，大きい声で笑いながら弟と遊んだり，母親と会話したりしていた。

また，学校生活に関する「どきどき不安き

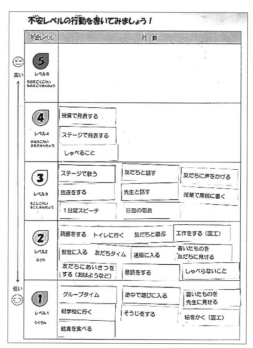

図1　「どきどき不安きんちょう度チェックシート」（かんもくネット http://kanmoku.org/ より）

んちょう度チェック」では，図1のように回答した。人と話すこと，発表すること等，声を出すことへの不安を抱えていることが表れた。

2 家庭での様子

家庭ではよく話す。弟にとって理解することが難しい言葉を使い，厳しい口調でけんかをすることもある。

しかし，学校のことを話題にすると，話せなくなる。学校のことで特に印象に残ることや行事や持ち物のこと等は，自分から話すことができる。遊びに来る友達とも話す。外出先でも変わりなく家族と話す。

習い事では，指導者の質問に答えることができる。本児が心を許している友達とは話せている。また，一人で買い物に行き，必要なものを買ってくることができる。

3 検査

5年生（11歳）のときに実施したWISC-IVでは，言語領域が顕著に弱いが，他は平均域かその上であった。前回（8歳）と比較して，ワーキングメモリーが高くなり，処理速度にも向上が見られた。言語理解の弱さについては，前回と同様であった。FSIQ（全検査IQ）については，10ポイント程度の向上が認められた。

■ 指導方法・指導時間

通級指導教室で，週1単位時間の個別指導を行っている。

■ 単元の計画 (2か月程度)

【単元名】「安心サポートブック」をつくろう

1 どきどき不安チェックをしよう
2 不安を小さくする方法を考えよう
　(1) 授業で発表するとき
　(2) 先生と話すとき
　(3) 友達と話すとき
　(4) 友達に声をかけるとき
3 「安心サポートブック」の内容を振り返ろう

■ 単元の指導のねらい

リラックスできる活動や友達との交流を促す活動，学校生活の不安感を軽減するためのソーシャルスキルトレーニング（以下，「SST」という）等を通して，集団の中でも自分のことを表現したり，他者とやり取りをしたりすることができる。

■ 単元の評価の観点

・筆談により，伝えたいことを文章に表したり質問に答えたりしている。
・不安を軽減するための方法について理解している。

■ 指導の実際 (2時間目)

1 準備する教材・教具

・ホワイトボード，ホワイトボードペン，付箋など（筆談する場合に使用するもの）
・バランスボール，トランポリン（リラックスする運動に使用するもの）
・ことばトレーニングワークシート（『10歳からのことばトレーニング』E-LABO SPACE）
・3文日記ワークシート
・卓球セット（コミュニケーションを促すゲームに使用するもの）
・振り返りシート

2 1単位時間の指導の様子

（1） 心と体のウォーミングアップ：リラックスタイム

体の緊張感を和らげ，リラックスして通級指導の時間を過ごすことができるよう，時間のはじめに「リラックスタイム」を設定する。寝転がったり，バランスボールに乗ったり，本児が得意としているトランポリンも取り入れる。

寝転がる活動で手足や肩に力が入っている場合には，「ふにゃふにゃになって」「浮かんでいる感じで」などの言葉をかけ，力を抜けるようにする。また，バランスボールに座って自分の力で弾んだり，ボールにうつ伏せになった本児の背中を教員が軽く押したりすることで，心地よい揺れを感じられるようにする。

（2） 伝える技みがき

① 5分間ドリル

言語力を強化するために，継続的に「5分間ドリル」の時間を設定する。言葉の意味を問うものや，読み取りの問題を中心に扱う。つまずきのポイントをチェックするときにも役立つと考える。

最後に，「簡単・普通・難しい」の3つから1つ選んで○を付けるコーナーを設けることで，自己評価を取り入れる。

② 3文日記

最近の出来事について，3文程度で日記を書く。話題を引き出し，筆談による会話を促すことで，一対一のコミュニケーションの経験を積み重ねていく。

日記の部分は負担なく書くことができる量にし，「質問コーナー」には，教員が質問を書き，その答えを本児が書く。普段，本児は，教員や友達からの問いかけに答える場面が多

> 日曜日に家のそうじをしました。少かのペンキぬりをしました。そうじが終わった後、ラーメンを食べに行きました。おいしかったです。
>
> 質問コーナー
> Q.何色のペンキをぬったのですか？
> A.黒のペンキです。
> Q.時間は、どれくらいかかりましたか？
> A.1時間くらいです。
> Q.きれいにぬるのは、大変そうですね。どんなところが大変でしたか？
> A.力を入れてペンキをぬるのが大変でした。
> Q.何ラーメンを食べたのですか？
> A.とんこつラーメン
> Q.○○さんは、ラーメン1ぱい全部食べられますか？
> A.はい
> しっかり働いた後のラーメンは、おいしかったでしょうね！

い。そこで，自ら質問する経験を増やすため，今後は教員も同じように日記を書き，本児からの質問に答える活動も取り入れる。

（3） 心のかべを乗りこえよう：SST

前時に行った「どきどき不安きんちょう度チェック」を活用し，不安のレベルを少しでも下げるために，怖さや緊張感を和らげるためにはどのような考え方をすればよいかや，どう行動したらよいか等を考える。

本時では，チェックで「かなりこわい，かなりきんちょう」のレベル4に分類し，本児が希望した「授業で発表すること」を扱う。

まず，発表することに対してどのような気持ちがあるのかを明らかにするために，国語科で学習経験のあるイメージマップを活用して書き出すことができるようにする。

本児の気持ちに共感し，以前に発表したことや発表しようとする意欲を称賛するとともに，緊張感や間違いへの不安を緩和するためのコツなどを伝える。

そして，伝えた内容を教師がイメージマップに書き足す。各時間で作成したワークシー

トをまとめて綴じ、「安心サポートブック」として積み上げていく。

(4) 遊ぶスキルを高めよう：ゲーム（卓球）

最後の活動は、声を出すきっかけづくり、また、コミュニケーションの一環になるよう、楽しくゲームをする時間とする。

「体を動かすことが好きだ」という本児の希望で卓球を行う。教員は、数を数えたり楽しい雰囲気で言葉をかけたりする。

(5) 振り返り

1時間の活動を振り返り、思ったことを文章で表現したり、選択肢から選んだりする時間を設定する。

3　次の単元に向けて

作成した「安心サポートブック」を生活の中で役立てることができるよう、折に触れて見返しながら、内容を追加、修正していくことで、本児が使いやすく役立つものにしていくことが大切である。

現状では、本児が自分の思いを自由に表現できる場所は学校外であり、主には家庭である。今後、様々な場面で話し始めた際に、場に合わせた言葉遣いができるか、自分の気持ちを適切に表現できるかという新たな課題が予想される。そこで、場に応じた話し方や感情を表す言葉について取り上げる。

更に、中学校進学について見通しをもち、不安感が少しでも和らぐよう、中学校はどのようなところか、また、どのような生活になるのか等を知る活動を取り入れる。そして、この「安心サポートブック」を中学校への支援のつなぎの一つとして活用していく。

〈大西　美緒〉

自分の意思をうまく表出できない児童への指導

自分の意思をうまく表出できなかったり，緊張のために身体の動きがぎこちなかったりすることから，集団活動への参加や他者との関わりに消極的になってしまう児童。様々な活動を通して経験の幅を広げ，自信をもつことができるようにする。

主とする自立活動の内容

2　心理的な安定　(1)　情緒の安定に関すること。
6　コミュニケーション　(4)　コミュニケーション手段の選択と活用に関すること。
3　人間関係の形成　(1)　他者とのかかわりの基礎に関すること。

■ 対象学年・児童の様子

小学校4年生。

学習や給食の準備，トイレに行くなどの生活動作は行うことができる。在籍学級の担任や友達から尋ねられたことには，首を振って「はい・いいえ」の意思表示をしたり，選択肢の中から指差しで選んだりなどの方法で応えることができる。しかし，その表情は緊張して固く，笑顔も少ない。学習活動や集団活動においては，他者からの言葉かけや指示などの働きかけがなければ自分の意思を周囲に示すことはなく，自発的な行動も見られない。

■ 指導方法・指導時間

A　個別指導（45分）

B　個別指導（30分）＋小集団指導（15分）

C　小集団指導（45分）

三つの指導形態を設定した。週1単位時間の指導（AまたはB）と，本児も含め学年が近い児童4名で行う月1回1単位時間の小集団指導（C）を行った。事例ではBとCの小集団指導を取り上げる。

■ 単元の計画（3単位時間扱い）

【単元名】相撲のかつら（おはりこ）を作って相撲大会を楽しもう

本児が相撲好きであることから，Bの小集団指導の時間を使って，グループのメンバーそれぞれの頭に合わせた相撲のかつらを作ることにした（2単位時間：15分×6回）。

「型取り→紙貼り→色塗り→ニス塗り」の作業そのものだけでなく，作業工程の中で生じる通級指導担当教員や友達との関わりを経験し楽しむようにする。

Cの小集団指導では，製作したかつらを着けて様々な相撲に取り組み，友達と活動の楽しさを共有するようにする（1単位時間）。

■ 単元の指導のねらい

相撲のかつら作りは二人一組で作業に取り組むこととした。型取りでは友達との距離が近付き，「型を取られる人・取る人の協力」が必要である。また，紙貼りのときは「糊を型に塗る人・紙を貼る人の分担作業」，色塗りやニス塗りでは「塗り残しがないよう互いに確かめながら塗る」ことが必要である。このような協力や共同の必要性のある作業を相

撲かつら作りの中に設定することにより，作業を楽しみながら他者との関わりを無理なく自然に経験できるようにしていく。

製作したかつらを着けて相撲大会（腕相撲，引き相撲，尻相撲，押し相撲）を開催し，思いきり力を出したり相手との駆け引きを感じたりしながら友達との活動を楽しむようにする。

■ 単元の評価の観点

・活動の見通しをもち，安心して活動に取り組んでいる。
・友達と協力してかつらを作っている。
・様々な方法で順番決めをしている。
・相手の力の出し方を感じ，全力を出したり駆け引きをしたりしている。
・活動後の感想を自分なりの方法で伝えている。

■ 指導の実際（3時間目）

1 準備する教材・教具

・児童用かつら，腕相撲用テーブル，引き相撲用ロープ，尻相撲用紐，押し相撲用バランスボール，ストローくじ，あみだくじ，さいころくじ
・活動計画表，活動のめあて表，対戦表，各相撲のルール，感想の文例
・ホワイトボードとペン，カズー，紙コップのトランシーバー

2 本時のねらい

・四股名を自分で考えて決めることができる。
・様々な順番決めにおいて，自分で意思決定することができる。
・腕相撲や押し相撲では，自分の力を思いきり出すことができる。
・引き相撲や尻相撲では，相手の動きを感じ

ながらロープを引いたり尻で押したりすることができる。
・「ホワイトボードに書く」「カズーを使って言う」「紙コップのトランシーバーを口に当てて言う」「グーにした手を口に当てて言う」の中から選んで感想を発表することができる。

●補足

個別学習では，本児が望むボードゲームや，通級指導担当教員が提案したかるた，ドミノ並べなどの楽しい活動に数多く取り組んだ。そんな中，本児はカズーを使って「はい・いいえ」を言うようになった。しばらくすると，ゲームに必要な単語を紙コップで作ったトランシーバーを口に当てて言うようになった。更に活動に取り組んでいくと，コップをその都度手に取って言うことが面倒になり，自分で作ったグーの手を口に当てて言うようになった。

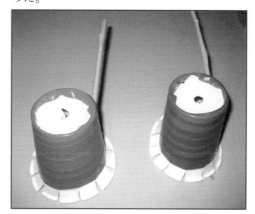

紙コップで作ったトランシーバー

3 指導の様子

（1）四股名紹介

「力士と行司を紹介します」
「『○の山』です。大きな大銀杏が素敵ですね。拍手をお願いします」（拍手）
「『□の海』です。〜をがんばっていましたね」（拍手）

105

「『大△川』です。……」（拍手）

「『福の◇』です。……」（拍手）

「行司は『●●』（担当教員）です」

「以上で紹介を終わります」

> **配慮事項**
> ・一人一人が作ったかつらの特徴や作っていたときのエピソードなどについても簡単に触れ，和やかな雰囲気をつくる。

（2）　めあての確認

「今日はみんなで相撲大会をします。めあては『いろいろな相撲に取り組んで楽しもう』です」

「思いっきり力を出してください。相手の動きをしっかり見て，力の加減も感じながら取り組みましょう」

> **配慮事項**
> ・活動の流れやめあてを意識できるよう，掲示物を用意しておく。

（3）　相撲大会

「では早速，相撲大会を始めます。今日は4つの相撲に取り組みます」

① 腕相撲

「まず，腕相撲をします。やり方は……」

「ストローくじで対戦の順番を決めます」

> **配慮事項**
> ・どのくじを希望するかを尋ねるとき，本児は2番目か3番目に尋ねるようにする。友達の様子を見ることで，安心してストローを指差して意思表示することができるようになる。

「対戦の順番が決まりました。腕相撲を始めましょう」

　担当教員がモデルを示した後，児童が対戦する。

> **配慮事項**
> ・しっかり力を出すよう声援を送る。
> ・児童の力の差が大きいときは，腕組みの最初の位置を，力が強い児童のほうに少しだけ傾けてから始める。

② 引き相撲

「次は，引き相撲です。やり方は……」

「じゃんけんで対戦の順番を決めます」

「対戦の順番が決まりました。引き相撲を始めましょう」

　担当教員がモデルを示した後，児童が対戦する。

配慮事項

・相手の動きをよく見ることや，紐を引くタイミングを促す言葉かけをする。

③ 尻相撲

「次は，尻相撲です。やり方は……」

「あみだくじで対戦の順番を決めます」

「対戦の順番が決まりました。尻相撲を始めましょう」

　担当教員がモデルを示した後，児童が対戦する。

配慮事項

・相手の動きを背中やお尻で感じ取ることや，お尻を出したり引いたりするタイミングを促す言葉かけをする。

④ 押し相撲

「次は，押し相撲です。やり方は……」

「さいころくじで対戦の順番を決めます。座っている順にさいころを振っていきましょう」

配慮事項

・順番を決めるためのさいころは，腕に抱えるくらいの大きなさいころを使う。さいころを振る動作にも本児の意思が表れるようにする。

「対戦の順番が決まりました。押し相撲を始めましょう」

　担当教員がモデルを示した後，児童が対戦する。

（4）　振り返り

「今日の振り返りをしましょう。（対戦表の結果を見る）感想を発表しましょう」

配慮事項

・がんばっていた姿などを担当者がコメントし，自分では気付かなかったよさを伝える。

・本児が発表するときは例文をいくつか示し，それを参考にして発表できるようにする。

・発表の方法を担当教員と一緒に決める。

4　次の単元に向けて

　次単元では学校のすぐ近くにある相撲部屋へ見学に行き，力士や部屋の様子を見たり写真に撮ったりして，相撲の知識を広げたり人との触れ合いを感じたりできるようにする。

〈森　きみ子〉

コミュニケーションや対人関係に困難さのある児童への指導

感情を適切にコントロールすることを苦手にしているため，友達や家族とトラブルになることに悩みをもつ児童。ペアや小集団での指導形態を取り入れ，他者の考えや気持ちを理解しながら，相手と適切にコミュニケーションを取ることができるようにする。

主とする自立活動の内容

3 人間関係の形成 (2) 他者の意図や感情の理解に関すること。
(3) 自己の理解と行動の調整に関すること。
6 コミュニケーション (5) 状況に応じたコミュニケーションに関すること。

■ 対象学年・児童の様子

小学校4年生。

強い思い込みをもつことが多く，そのため，同級生や家族とトラブルになり，ストレスが高まって大声で泣くなど，感情を爆発させることがしばしばある。

■ 指導方法・指導時間

週2単位時間の指導を行う。そのうち1時間は，自分の長所や短所の自己理解や本児の悩み等を聞くなどの指導を個別に実施し，もう1時間は2～3名の小集団指導を実施した。

ペアやグループの組み方については，共通した日常生活場面を扱うこと，安心できる仲間関係であることを理由に同学年の児童とペアやグループを編成した。事例では，小集団指導を取り上げる。

■ 単元の計画 (4単位時間扱い)

【単元名】考え方を広げよう

ソーシャルスキルの指導で基本的な行動の知識を身に付けても，学校や家庭などの集団生活においては，複雑な人間関係や様々な状況の中で，そのときに応じて行動の優先順位が変化するなどしてうまくいかない場合がある。

そのような状況の中で集団に適応していくために，『イラスト版 子どものアンガーマネジメント～怒りをコントロールする43のスキル～』（日本アンガーマネジメント協会監修，篠真希，長縄史子著，合同出版，2015年）を参考にして，①「自分の中の思い込みを知ろう」，②「許せる心を広げよう」，の二つの課題に取り組む。

それぞれの課題に取り組む際には，児童相互の意見交流の時間を取り入れ，同学年のリアルな考えを知ることで，通常の学級での生活に反映できるようにする。

■ 単元の指導のねらい

自分が当たり前と思っている思い込みについて，他の友達の同じ，または違う考えや意見を聞くことで，自分の考えの幅を広げることにつなげる。そして，自分の思いどおりにいかない場面でも，なぜうまくいかなかったかを自己分析することで，感情のコントロールにつなげる。自己分析する際にも，他の友達の考えを聞くことで客観的な考えになるよ

うにする。

　指導に当たっては，毎回の指導で「落ち着き度」「怒り度（イライラ度）」「落ち込み度」について自分の現在の心理状態についてレベル表を用いて自己チェックし，客観的に自分の心理状態を把握できるようにする。

■ 単元の評価の観点

・自分の考えと他の友達の考えを比較し，自分の考えの幅を広げている。
・自分の思いどおりにいかない場面でも原因を客観的に考え，怒りの感情をコントロールする方法を理解している。
・落ち着いて友達と意見交流を行っている。

■ 指導の実際 (3 時間目)

1　準備する教材・教具

・筆記用具，ワークシート

2　本時のねらい

・相手（対象）の考えや気持ちを想像することができる。
・許せることを複数書き出すことができる。
・相手の考えも聞きながら自分の考えを話すことができる。

3　指導の様子

(1)　心理状態の確認

　学習に取りかかる前に，今の自分の心理状態についてレベル表を使って確認する。本児は「落ち着き度」「怒り度（イライラ度）」「落ち込み度」の全てにおいて，1〜5段階（1が一番安定）の1にマグネットを置いていた。

> **配慮事項**
> ・自分の心理状態を客観的に捉えることができるように，1〜5段階のレベ

ル表を用いて視覚的に把握できるようにする。

(2)　学習内容及びめあての確認

　本時の学習内容や流れについて説明し，本時のめあてを確認した後，個人ごとにめあてを立てた。本児は，「聞かれたことに対して答える」「自分の考えをはっきり伝える」というめあてを立てた。

> **配慮事項**
> ・個人のめあてを立てる際には，学習内容に即しためあてにつなげるため，予め，めあての候補を複数準備し，その中から選択する。

(3)　テーマ決め

　学級の中で不満だった出来事について話し合い，子供たち自身で本時で扱うテーマを出したところ，以下のテーマが挙がってきた。

・テーマ：テストを配っている人に自分の点数を聞いたけど教えてくれなかった。「テストをちょうだい」と言ったけど，もらえなかった。

　このテーマについて，どんな考え方が基になっているか子供たちに投げかけたところ，「自分の点数だから教えるべき」という答えが返ってきた。

(4)　自分で考える

　テーマについて許せる理由を1〜5段階に分け，それぞれの理由について，まずは自分で考え，ワークシートに書いた。

> **配慮事項**
> ・許せるレベルを色分けして視覚的に示す。

(5)　友達の考えを聞く

　書き出した理由について，互いに相手の考えを聞き合い，どのような理由なら納得して許せるのか話し合って，理由を一つに絞り込む。

> **配慮事項**
> ・自分の考えを話すときは，必ず理由を話すようにする。

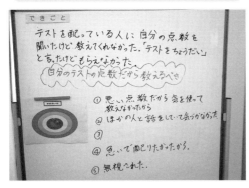

(6)　振り返りをする

　話し合った結果をワークシートに書き，本時で学習したことを振り返る。

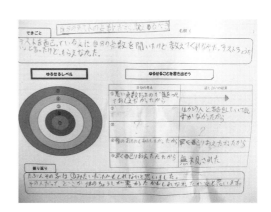

4　次の単元に向けて

　本時では，どうしてそのような行動を取ったか行動の背景を学習することで，相手意識をもつことができた。今後は，同様に実生活に即したテーマで学習を積み重ねると同時に，相手の行動が許せなくなったときに，どのような方法を使って落ち着こうとするのか，怒りの段階ごとに児童と考える学習内容を仕組んでいく。

〈四方　康雄〉

110

自尊感情が低下した児童の，中学校入学への不安を軽減させる指導

学習面や生活面での困難さを感じ，自尊感情を低下させていることが多い児童。進学や将来についても不安を募らせている場合がある。本人の長所や好きなことを取り入れた指導で，具体的な対処法を考えて不安を取り除き，心理的な安定を図っていく。

主とする自立活動の内容

2　心理的な安定　(3)　障害による学習上又は生活上の困難を改善・克服する意欲に関すること。
3　人間関係の形成　(3)　自己の理解と行動の調整に関すること。
5　身体の動き　(3)　日常生活に必要な基本動作に関すること。

■ 対象学年・児童の様子

小学校6年生。

姿勢保持が難しく，字を整えて書くことが苦手である。また忘れ物・落とし物が多く，ものの管理や身の回りの整理整頓が苦手である。

一方，素直で明るい性格で，誰に対しても気軽に話しかけることができる。勉強が分からないときは友達に聞くなど人に頼ることもできる。また，絵を描くことが好きで得意である。

■ 指導方法・指導時間

週2単位時間の個別指導。

■ 単元の計画 (12単位時間扱い)

【単元名】「きっとできる！」中学生の自分へ伝えよう（ライフスキルトレーニング）

●つかむ：2時間
・将来の理想の自分の姿を思い描く。
・中学校進学に向けて，楽しみなこと，不安なことのベスト10を作成する。
●深める：10時間

・ベスト10から2つずつ対処法を探る。
●活かす：課外
・実践の場を広げる（クラスでの学習や生活場面，家庭や地域での日常生活場面）。

■ 単元の指導のねらい

半年後の小学校卒業と中学校入学，その後には進学や就労などの未来があることを想像し，将来の夢や希望について考える。

まずはすぐ先の未来である中学校入学の準備として何が必要か把握し，そのために今の自分でできることを考えることで，自己理解，課題の改善・克服を目指す。

更に，今の自分ができることの実践によって，できた自分に自信をもち，自尊感情を高めることができるようにする。

■ 単元の評価の観点

・自分の課題や長所を理解している。
・不安を軽減する対処法を考えている。
・現在の自分が準備できることを考え実践している。
・自尊感情を高め，中学校入学や将来への夢や希望をもっている。

■ **指導の実際** (5・6時間目)

1　準備する教材・教具

・「きっとできる！」記録シート

・12歳の自画像に，将来の夢や生まれてから今までの道のりを描いた模造紙（全紙8枚分の大きさ）

写真1　自画像と人生の道のり

・中学校の様子が分かる写真を貼った模造紙

・中学校に向けて楽しみなことと不安なことベスト10を書いた模造紙

資料1　楽しみなことベスト10

1	友達が増える
2	好きな部活に入れる
3	修学旅行が2泊3日ある
4	自然教室が1年生である
5	新しくて綺麗な校舎
6	教科によって先生が替わる
7	美術の時間がある
8	合唱コンクールがある
9	机は一人一人離れている
10	体育祭が楽しそう

資料2　不安なことベスト10

1	期末試験などが難しそう
2	授業中，集中するのが難しそう
3	50分間の授業で姿勢が崩れそう
4	体育祭の練習が大変そう
5	部活動で上手になれるか
6	遊ぶ時間がなくなりそう
7	上下関係を守れるか
8	校則・提出物が厳しそう
9	制服が暑そう
10	1日1時間の勉強ができるか

・中学校合唱コンクールのDVD

・ビデオレター（中学校の通級指導担当教員，養護教諭）を映すパソコン

・中学校の連絡帳

2　ゲストティーチャー

・本児が進学する中学校の教員

・本児の在籍学級の担任

3　本時のねらい

・不安なこと8位と7位についての対処法を見付けることができる。

・ロールプレイやゲストティーチャーの話を聞くことで，不安を軽減することができる。

4　指導の様子

（1）　めあての確認

現在行っている学習の目的を知り，前時に続いて不安ランキング8位と7位についての対処法を考えることを確認する。

・めあて：不安なことをへらし，安心して中学校へ行こう。

> **配慮事項**
>
> ・前時までの学習を振り返ることができるよう，掲示物を用意しておく（写真1）。

（2）　不安ランキング8位と7位について対処法を考える

① 楽しみなこと8位の合唱コンクールのDVD，7位の美術の学習の先輩たちの作品の写真を見て，中学校生活への期待を膨らませる。

② 「8　校則・提出物が厳しそう」ということへの対処法を考える。

・提出物や時間割を記入する中学校の連絡帳の実物を見て，小学校の連絡帳と比べたり，在籍学級の担任と取り組んだ「忘れ物ゼロ頑張り表」についてのアドバイスを聞いたりして，自分ができる対処法を考える。

配慮事項

・連絡帳等の具体物を用意する。

・本児が決めた8位の対処法：連絡帳に書いて，家でも2回はチェックする。家族にも見てもらう。

③ 「7　上下関係を守れるか」ということへの対処法を考える。

・実際に中学校では先輩に対してどんな言葉遣いをしているのか，中学校の先生から聞き，イメージをもつ

・本児が決めた7位の対処法：敬語で話すようにする。親しい人であれば「○○君」でもよい。

(3)　今，通級でできることを考える

① 考えたことを記録シートに書き込む。

・「8　校則・提出物が厳しそう」：連絡帳を書く練習をする，「忘れ物0頑張り表」を続ける

・「7　上下関係を守れるか」：挨拶をしっかりする，優しい言葉や敬語で話す

② トレーニングをする。

・「8　校則・提出物が厳しそう」：連絡帳を記入する練習を行う。

配慮事項

・中学校の教員が実際に「明日の時間割と持参物」を言い，臨場感をもてるようにする。

・「7　上下関係を守れるか」：ロールプレイを行う。在籍学級の担任が本児役，通級指導担当教員が先輩役となり，朝練習に遅れたことを詫びる場面の演技を見る。次に，本児と通級指導担当教員でロールプレイを行う（写真2）。

写真2　ロールプレイ

配慮事項

・映画のカチンコを用いて場の雰囲気をつくる。

・ロールプレイに慣れるようにしておく。

(4)　振り返り

本時の学習を振り返り，感想をまとめる。また，今後の学習への見通しをもつ。

① 今の気持ちをカードから選ぶ。

・本児が描いた4種類の絵カード「不安」「少し不安」「少し安心」「安心」（写真3）

写真3　気持ちを表す絵カード（上は7位，下は8位）

113

の中から選び，ランキング表に貼り付けて不安が減っていることを知る。

② 中学校の養護教諭と通級指導担当教員からのビデオレターを見る。

・「困ったらいつでも相談してほしい」「支援するので一緒にがんばりましょう」という言葉を聞き，援助の要請が可能であることを理解する。

③ ゲストティーチャーから感想を聞く。

配慮事項
・本時のがんばりだけでなく，通級指導で練習した漢字テストで高得点を取ったことなど，本児の長所やがんばりが認められるよう，具体的な事柄での称賛をお願いする。

---

5 授業の成果と課題

・楽しみなことと不安なことを10個ずつ出したことや，本児の得意な絵を用いたことで，学習への意欲を高め，不安の軽減の対処法を見付けることができた。

・入学する中学校の教員や在籍学級の担任も参加することで，本児の長所を確認しなが

ら具体的な対処法を考えることができ，中学校入学への不安を軽減することができた。

・本単元では中学校入学に限定した指導を行った。今後，本児が進学や就労など進路を選ぶ際にも「不安軽減の対処法を考える」「今できることを実行する」ことを生かせるようにする。

6 次の単元に向けて

次の単元では，「自分のプロフィール表」を作成する。そこには長所や興味・関心のほかに，苦手なところや改善のために努力している点を記入する。更に，周囲の人々に要請したい支援について，誰に，どのような場面で，どんな言葉かけや手助けをしてほしいのかを具体的に記入していく。

本児は中学校でも通級指導教室で指導を受けることから，1年ごとに「プロフィール表」を見直し，今後の人生に生かしていけるよう，引き継ぎを行う。

〔参考文献〕
・別府哲監修，小島道生，片岡美華編著『豊かな自己理解を育むキャリア教育』ジアース教育新社，2014年

〈藤原 裕子〉

■ 他者とのコミュニケーションに 困難さのある生徒への指導

1年生のときに「はい」と小さな声で返事をしたことが数回あったが，それ以後は声を聞いたことがなかった生徒。様々なゲームを行うことで，交渉したり，他の競技者の気持ちを推察したり，コミュニケーション能力を身に付けたりすることができるようにした。

主とする自立活動の内容

2　心理的な安定　(1)　情緒の安定に関すること。
3　人間関係の形成　(1)　他者とのかかわりの基礎に関すること。
6　コミュニケーション　(1)　コミュニケーションの基礎的能力に関すること。

■ 対象学年・生徒の様子

中学校3年生。

何事にも真面目で一生懸命であるが，集団の中で発言するのが苦手で，小学校のときから通級指導教室で指導を受けている。

返事をさせようとすると，「はい」とささやくように声を出すが，ほとんどは首を縦や横に少し振って応答するか，目で訴える。表情を変えることがあまりなく，困ったような顔をして過ごしている。しかし，家庭では話をしている。

通級指導では，自立活動として様々なゲームを行い，できるだけ楽しい雰囲気になるようにしていたため，ときどき笑うことがあった。笑うときには，声を押し殺しながらもそれを抑えきれず，大きな声で笑い転げるようなこともあった。しかし，在籍学級ではほとんどそのような姿はなかった。

在籍校は五つの小学校区から生徒が集まってくるため，友達関係の構築が難しく，学級でも孤立することが多かった。1年生のときには小学生以来の友達が同じ学級にいたが，その友達とも疎遠になった。その頃から，時間に遅れて通級指導教室に来るようになった。

■ 指導方法・指導時間

本生徒の指導時間は個別指導で週2単位時間であるが，1，2年生のときには2～3名の小集団で指導した。音読は，教員が読んで，その本を目で追うという方法で行った。

本稿では，この生徒の1，2年生のときに行った小集団指導について述べる。

■ 短期の計画 (3か月程度)

・様々なゲームをする。
・楽しい気持ちになり，通級指導教室で心の安定を図る。
・学習意欲を引き出すため，足し算，引き算の計算をする。

■ 指導のねらい

様々なゲームをすることで，交渉したり，コミュニケーション能力を身に付けたり，戦略・戦術を練ったり，他の競技者の気持ちを察したりすることができるようにする。

■ 評価の観点

・楽しんで活動している。
・感情に合わせて表情を変化させている。

■ 指導の実際

1 準備する教材・教具

- 齋藤孝著『親子で読もう「実語教」』致知出版社，2013年
- 齋藤孝著『子どもと声に出して読みたい「童子教」』致知出版社，2013年
- 齋藤孝著『楽しみながら日本人の教養が身につく速音読』致知出版社，2017年
- 小名木善行著『ねずさんの昔も今もすごいぞ日本人！』彩雲出版，2013年
- 小名木善行著『誰も言わない　ねずさんの世界一誇れる国日本』青林堂，2018年
- 各種ゲーム

2 1単位時間の指導の様子

通級指導教室での1単位時間の指導は，①音読，②ゲーム，③計算，が基本的な指導過程である。

当該生徒は，選択性かん黙のために，声を発するということはほとんどないので，音読するときには，教員が音読している本の文章を目で追うようにした。

2年生のときには，小集団による自立活動を行った。同じ小集団指導を受けている生徒が意思疎通の方法について工夫していた。

ゲームによっては，返事をしたり，自分の番が終わったことを知らせたり，交渉をしたりする必要があるので，ゲームをスムーズに進行させるための会話カードをつくり，使用した。

3 自立活動の効果

本校の通級指導教室では，自立活動に市販のゲームを使っているが，これを続けることによって生徒の様子も変化した。

- 生き生きとした表情や目を輝かせることが増えた。
- 毎回10〜20分程度の音読をするようにしてから，滑舌の悪さを克服できるようになった。また，理解力も伸びた。
- 聞く態度がよくなった。
- 定期テストの成績にも反映されるようになった。また，学習に飽きずに，毎回新しい発見があることに気付くようになった。
- 他者に対し配慮ができるようになった。
- 戦略・戦術の重要性，人と交渉することの大切さ，臨機応変に物事を考えることの大切さを知るようになった。それらの大切さを言葉にしたり，他者に対して注意や批判をしたりすることができるようになった。
- 学ぶこと，記憶すること，運用することの大切さを知り，新たなことを学ぶことを楽しみにするようになった。
- 指導後，次回につなげたいという意欲が見られるようになった。
- 少人数によるソーシャルスキルトレーニングを増やすことにより，生徒同士で影響し合って，自主的な行動が見えるようになった。

4 今後の課題

保護者や生徒に対し，通級指導では自立活動を中心にしていることについて説明し，通級指導教室の在り方をより理解してもらう必要がある。

〈山尾 素文〉

自己肯定感とコミュニケーションスキルに課題のある生徒への指導

自己認識の不十分さから，自分の特性について否定的，逃避的な言動を示すことが多い生徒。自分とは何者かを言葉（キーワード）で表現しながら自己認識を深められるように，個別指導と小集団指導を組み合わせて指導を行う。

主とする自立活動の内容

2　心理的な安定　(3)　障害による学習上又は生活上の困難を改善・克服する意欲に関すること。

3　人間関係の形成　(2)　他者の意図や感情の理解に関すること。
(3)　自己の理解と行動の調整に関すること。

6　コミュニケーション　(5)　状況に応じたコミュニケーションに関すること。

■ 対象学年・生徒の様子

中学校全学年。

通級指導対象の生徒の中には，自分の特性や困難さについて冷静に捉えることができず，自分の特性や課題に気付けていない生徒や，苦手感や嫌悪感から他者との違いを否定的に捉え，自己肯定感を下げてしまっている生徒がいる。

■ 指導方法・指導時間

生徒自身が自分の特性について考えるために，得意・不得意，好き嫌い，社会的な評価，他者にどのように捉えられているか等を「キーワード」として表現する活動を設定した。クイズ形式にするほか，他者との関係や共感などをねらった小集団指導の形態も活用していく。

【単元名】私のキーワード

・キーワードカードづくりとクイズ：週1回1単位時間，個別指導

・「私，こういう者です！」：いろいろな関係を想定した相手へのカードの提示方法を考える。週1回1単位時間，個別指導

■ 単元の指導のねらい

自分の特性について，診断名ではなく，得意・不得意，好き嫌い，自己情報など，社会的な関係や，他との認識の差異や同位性に目を向けながら自己認識を深められるようにする。

「キーワード」として表現しながら自分自身について考えていくとともに，小集団指導にもつなげていく。同年代との関係性や共感性にも気付きながら，肯定的，現実的な自己認識の深まりを期待した。

■ 単元の評価の観点

・自分に関わるキーワードを数多く書き出している。

・自分についての主観的な見方と客観的な見方の両方を意識している。

・相手との関係性を意識したキーワードの選択をしている。

・自分にとっての得手・不得手，好き嫌いについて開示している。

■ 指導の実際

1　準備する教材教具

・カード，掲示用ボード，貼り付け剤，色画
用紙3色

2　指導の様子

（1）　自分についての「キーワード」を書き出していく

「あなた（私）の謎を解き明かしていくカギ
になる言葉（キーワード）は？」

> #### 配慮事項
> ・思い付いたままを，自由にできるだけ
> 多く挙げるよう促す。
> ・生徒が活動をイメージできないとき
> は，教員が作成していく様子を示しな
> がら進める。

（2）　「私（あなた）のキーワードクイズ」

でき上がったカードを基に，1枚ずつのキー
ワードについてクイズ形式で相手に提示し，
回答を基に相手に説明していく。

「このキーワードは，私（先生）にとってど
んな意味があるでしょう？」

（3）　優先順位の選択

クイズ形式の後，書かれた全てのカードの
うち枚数を指定して絞り込ませ，自分にとっ
ての優先順位を意識した選択をしていく。

「半分にするとしたら何を選びますか？」

「どうしてこれらを残したのですか？　説明

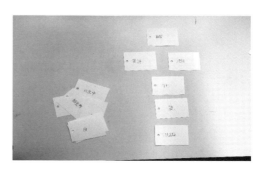

してください」

生徒の考え方や，生徒の意識の中にある
「キーワード」の大きさについて探る。

キーワードは「恒久的な事実」「事情によ
り変化する事実」「正の方向性を表すもの」
「負の方向性を表すもの」等に分類した。

> #### 配慮事項
> ・生徒の自己認識のついての考え方や心
> 理的な特徴をつかむため，選択につい
> て，コミュニケーションを十分に取っ
> ていくことが大切になる。

（4）　「私，こういう者です！」

様々な相手を想定し，作成したカードから
選択して，自分を簡潔に紹介する。

・想定される相手の例：「同じ学校の初対面
の人」「大人」「先輩」「後輩」「好意のある
異性」「苦手なタイプ」など

3　本単元からの今後の展開

この単元で作成した「キーワード」は今後
の生徒の変容を生徒自身が自覚していけるよ
う，他の学習や活動にも活用していくように

する。

（1） 小集団指導への活用

　小集団でのソーシャルスキルの学習として，キーワードカードを活用した。自己紹介クイズや対人スキルコミュニケーションのワークにも活用している。

　生徒は，個別指導で学習してからその活動に臨むので，比較的スムーズに展望をもって活動に参加できている。また，同年代との同じテーマの学習であるため，考え方に共感できたり，自他の違いについても意識しやすくなったりする活動になる。

（2） ポートフォリオとしての掲示

　作成したカードは，学習室内の目につくところに掲示し，いつでも交換や修正，加筆が可能にしておく（カードの付け剥ぎ自由）。また，定期的に振り返ることができるようにする。修正したものは，自分の気持ちや認識の変化を知ることで，生徒自身が成長としての自覚や以前の自分を客観的に捉えることにつながる。

　留意点として，掲示の際は「プラス・マイナス」「正・負」「よい・悪い」の分類掲示は避けるようにする。

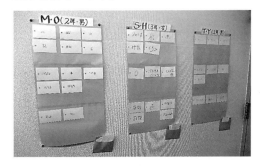

〈小野　卓也〉

資料編

～関係法令及び通知等～

1 学校教育法関係

(1)　学校教育法（平成 19 年 4 月施行）

① 特別支援学校の規定（第 1 条）

② 特別支援学校の教育の目的の規定（71 条）

・幼稚園，小学校，中学校又は高等学校に準ずる教育と障害による学習上又は生活上の困難を克服し自立を図るために必要な知識技能を授けること

・特別支援学校のセンター的機能の規定

　幼稚園，小学校，中学校，高等学校又は中等教育学校の要請に応じて，必要な助言又は援助を行うよう努める。

③ 小学校，中学校，高等学校等，幼稚園における特別支援教育の規定（75 条）

・教育上特別の支援を必要とする児童，生徒及び幼児に対し，障害による学習上又は生活上の困難を克服するための教育を行う。

・小学校，中学校，高等学校等における特別支援学級の設置

④ 特別支援学校や特別支援学級の教科書は，検定教科書以外のものも使用できることについて規定

(2)　学校教育法施行令（平成 25 年 8 月改正）

① 就学先を決定する仕組みの改正

・視覚障害者等については特別支援学校への就学を原則とし，例外的に認定就学者として小中学校へ就学することを可能としている現行規定を改め，個々の児童生徒等について，市町村の教育委員会が，その障害の状態等を踏まえた総合的な観点から就学先を決定する仕組みとする。

② 保護者及び専門家からの意見聴取の機会の拡大

・市町村教育委員会による保護者及び専門家からの意見聴取について，現行令は，視覚障害者等が小学校又は特別支援学校小学部へ新入学する場合等に行うこととされているところ，これを小学校から特別支援学校中学部への進学時等にも行うこととするよう，規定の整備を行う。

(3)　学校教育法施行規則（第 8 章　特別支援教育）

① 特別支援学校の設置基準及び特別支援学級の設備編制の規定（第 118 条）

② 知的障害のある特別支援学校において合わせて授業を行うことができる規定（第 130 条）

③ 知的障害のある特別支援学校において特別の教育課程規定（第 131 条）

④ 特別の教育課程の教科書について

・検定を経た教科用図書又は文部科学省が著作の名義を有する教科用図書を使用することが適当でないときは，当該学校の設置者の定めるところにより，他の適切な教科用図書を使用することができる。（第 131 条）

⑤ 特別支援学級の一学級の児童数（第 136 条）

・特別支援学級の一学級の児童又は生徒の数は，法令に特別の定めのある場合を除き，十五人以下を標準とする。

⑥ 特別支援学級の設置区分（第 137 条）

・特別支援学級は，特別の事情のある場合を除いては，学校教育法第八十一条第二項各号に掲げる区分に従つて置くものとする。

⑦ 特別支援学級の特別の教育課程編成の特例（第 138 条）

⑧　特別支援学級の使用する教科書の特例（第139条）

⑨　障害の応じた特別の教科……通級による指導（第140条）
・言語障害者　・自閉症者　・情緒障害者　・弱視者　・難聴者　・学習障害者　・注意欠陥多動性障害者

⑩　校長が，特別の教育課程で行われる授業を当該小中学校での授業とみなす規定（第141条）

⑪　高等学校等の通級による指導の規定
・高等学校で障害に応じた特別の指導を行う必要がある者（※）を教育する場合，特別の教育課程によることができる
　（※）言語障害，自閉症，情緒障害，弱視，難聴，LD，ADHD，肢体不自由，病弱及び身体虚弱
・障害に応じた特別の指導を高等学校の教育課程に加え，又は選択教科・科目の一部に替えることができる

⑫　通級による指導の内容に掛かる規定の明確化
・「障害の状態に応じて各教科の内容を補充するための特別の指導を含む」としていたところ，障害による学習上又は生活上の困難の改善・克服という本来の目的に照らし，障害の状態に応じて各教科の内容を取り扱いながら行うことができる趣旨であると明確化した。

⑬　個別の教育支援計画の作成と関係機関等との共有（平成30年8月）
・特別支援学校に在学する幼児児童生徒について，個別の教育支援計画を作成することとし，当該計画の作成に当たっては，当該児童生徒等又は保護者の意向を踏まえつつ，関係機関等と当該児童生徒等の支援に関する必要な情報の共有を図らなければならないこととする。（新第134条2）
・小・中学校の特別支援学級の児童生徒及び小・中学校，高等学校等において学校教育法施行規則第140条に基づき障害に応じた特別の指導である通級による指導を受けている児童生徒について準用する。（新第139条2，新第141条2）

⑭　高等学校・特別支援学校高等部の遠隔教育を制度化

（4）　公立義務教育諸学校の学級編成及び教職員定数の標準に関する法律

①　学級編成の基準（第3条）
・特別支援学校の小学部又は中学部の一学級の児童又は生徒の数の基準は，6人とする。
・特別支援学級の一学級の児童又は生徒の数の基準は，8人とする。

②　通級による指導に掛かる教育定数の基礎定数化（平成29年3月改正）
・平成29年度より10年かけて小中学校の通級による指導に掛かる教育定数分を基礎定数化（児童生徒数13人に教員定数1人）

（5）　学校保健法（平成21年4月施行）
・就学時の健康診断の実施（第11条）

2　学習指導要領

（1）　学校教育法施行規則の一部を改正する省令及び特別支援学校幼稚部教育要領，小学部・中学部の学習指導要領の告示（平成29年4月）

①　各学校におけるカリキュラム・マネジメントの確立において，障害の状態や特性及び心身の発

達の段階等並びに学習の進度等を考慮して，個別の指導計画に基づき，基礎的・基本的な事項に重点を置くなど，指導方法や指導体制の工夫改善に努めること。

② 個別の指導計画の実施状況の評価と改善，教育課程の評価と改善につなげていくよう努めること。

③ 学びの連続性を重視した対応，一人一人に応じた指導の充実等に努めること。

④ 特別支援学校教諭等免許状の早期取得の促進及び特別支援学校教員の専門性向上に引き続き努めること。

（2） 特別支援学校学習指導要領の改訂 （平成 29 年 4 月告示）

① 学びの連続性を重視した対応

「重複障害者等に関する教育課程の取扱い※」の基本的な考え方を規定。

② 知的障害者である子供の各教科等の指導について

目標や内容について，育成を目指す資質・能力の三つの柱に基づき整理。

③ 一人一人に応じた指導の充実

障害特性等に応じた指導上の配慮の充実とコンピュータ等の情報機器（ICT 機器）の活用等。

④ 自立と社会参加に向けた教育の充実

・卒業後の視点を大切にしたカリキュラム・マネジメントを計画的・組織的に行うことを規定。

・幼稚部，小学部，中学部段階からキャリア教育の充実を図ることの規定。

・障害のない子供との交流及び共同学習を充実（心のバリアフリーのための交流及び共同学習）。

・日常生活に必要な国語の特徴や使い方〔国語〕，数学を学習や生活で生かすこと〔算数，数学〕，身近な生活に関する制度〔社会〕，働くことの意義，消費生活と環境〔職業・家庭〕など，知的障害者である子供のための各教科の内容を充実。

・実施スケジュールは，幼稚部：30 年度，小学部：32 年度，中学部：33 年度，高等部：34 年

（3） 小学校等学習指導要領の改訂 （平成 29 年 4 月告示）

○幼稚園教育要領，小学校学習指導要領及び中学校学習指導要領，高等学校学習指導要領において，特別支援教育に関する記述を充実。

・個々の児童生徒の障害の状態等に応じた指導内容や指導方法の工夫を組織的かつ継続的に行う。

・特別支援学級及び通級による指導に関する教育課程編成の基本的な考え方を示す。

・家庭，地域及び医療や福祉，保健，労働等の業務を行う関係機関との連携を図り，長期的な視点での児童への教育的支援を行うために，個別の教育支援計画の作成，活用に努める。

・各教科等の指導に当たって，個々の児童生徒の実態を的確に把握し，個別の指導計画の作成，活用に努める。特に，個別の教育支援計画及び個別の指導計画は，特別支援学級に在籍する児童生徒，通級による指導を受ける児童生徒について全員作成する。

・各教科等に学習上の困難さに応じた指導内容，指導方法の工夫の記載。

・障害者理解教育，心のバリアフリーのための交流及び共同学習の記載。

・高等学校等の通級指導に関する単位認定について記載。

3 文部科学省通知

(1) 通級による指導の対象とすることが適当な自閉症者，情緒障害者，学習障害者又は注意欠陥多動性障害者に該当する児童生徒について（平成18年3月）

　　　児童生徒が通級による指導の対象となる自閉症者，情緒障害者，学習障害者又は注意欠陥多動性障害者に該当するか否かの判断に当たって留意すべき点の整理。

(2) 特別支援教育の推進について（通知）

① 特別支援教育の理念

② 校長の責務

③ 特別支援教育を行うための体制の整備及び必要な取組

④ 特別支援教育に関する校内委員会の設置

⑤ 実態把握

⑥ 特別支援教育コーディネーターの指名

⑦ 関係機関との連携を図った「個別の教育支援計画」の策定と活用，「個別の指導計画」の作成

⑧ 教員の専門性の向上

⑨ 特別支援学校の地域における特別支援教育のセンター的機能

⑩ 特別支援学校教員の専門性の向上

⑪ 保護者からの相談への対応や早期からの連携

⑫ 交流及び共同学習，障害者理解

⑬ 支援員等の活用

⑭ 学校間・厚生労働省関係機関等との連携

(3) 特別支援学校等における医療的ケアの今後の対応について（平成23年12月）

○特別支援学校等における医療的ケアの今後の対応について（通知）

(4) 障害のある児童生徒等に対する早期からの一貫した支援について（平成25年10月）

① 障害のある児童生徒等の就学先の決定に当たっての基本的な考え方

② 特別支援学校への就学と障害の判断に当たっての留意事項

③ 小学校，中学校又は中等教育学校の前期課程への就学

④ 「個別の教育支援計画」「相談支援ファイル」等の小中学校等へ引き継ぎ

⑤ 就学先等の見直し

(5) 障害のある幼児児童生徒と障害のない幼児児童生徒の交流及び共同学習等の推進（平成30年2月）

① 学校に対する交流及び共同学習の取組の普及促進

② 教職員の研修の充実等

③ 障害のある人との交流の推進ついて

4 障害者の権利に関する条約（平成18年12月に国連総会において採択）

　　　条約の趣旨は，障害者の人権・基本的自由の共有の確保，障害者の固有の尊厳の尊重の促進・障害者の権利の実現のための措置等を規定

- 障害に基づくあらゆる差別（合理的配慮の否定を含む）の禁止
- 障害者の社会への参加・包容の促進等

○第24条　教育

① 障害者を包容するあらゆる段階の教育制度（inclusive education system at all levels）及び生涯学習を確保する。

② 個人に必要とされる合理的配慮が提供されること。

5　障害者基本法 （平成23年8月改正）

○国及び地方公共団体の障害者に対する施策等の規定（第16条　教育）

① 障害者が，その年齢及び能力に応じ，かつその特性を踏まえた十分な教育が受けられるようにするため，可能な限り障害者である児童及び生徒が障害者でない児童及び生徒と共に教育を受けられるよう配慮しつつ，教育の内容及び方法の改善及び充実を図る等必要な施策を講じること。

② 障害者である児童及び生徒並びにその保護者に対し十分な情報の提供を行うとともに，可能な限りその意向を尊重すること。

③ 障害者である児童及び生徒と障害者でない児童及び生徒との交流及び共同学習を積極的に進めることによつて，その相互理解を促進すること。

④ 障害者の教育に関し，調査及び研究並びに人材の確保及び資質の向上，適切な教材等の提供，学校施設の整備その他の環境の整備を促進すること。

6　発達障害者支援法 （平成28年6月改正）

（1）　発達障害者の定義の改正

○発達障害がある者であって発達障害及び社会的障壁により日常生活又は社会生活に制限を受けるもの。

（2）　「社会的障壁」の定義

○発達障害がある者にとって日常生活又は社会生活を営む上で障壁となるような社会における事物，制度，慣行，観念その他一切のものとしたこと。

（3）　教育に関する改正（第8条第1項関係）

① 発達障害児が，その年齢及び能力に応じ，かつその特性を踏まえた十分な教育を受けられるようにするため，可能な限り発達障害児が発達障害児でない児童と共に教育を受けられるよう配慮することの規定。

② 個別の教育支援計画の作成（教育に関する業務を行う関係機関と医療，保健，福祉，労働等に関する業務を行う関係機関及び民間団体との連携の下に行う個別の長期的な支援に関する計画の作成をいう。）及び個別の指導に関する計画の作成の推進並びにいじめの防止等のための対策の推進の規定。

（4）　情報の共有の促進の新設について（第9条の2関係）

○国及び地方公共団体は，個人情報の保護に十分配慮しつつ，福祉及び教育に関する業務を行う関係機関及び民間団体が医療，保健，労働等に関する業務を行う関係機関及び民間団体と連携を図

りつつ行う発達障害者の支援に資する情報の共有を促進するため必要な措置を講じるものとしたこと。

7 障害を理由とする差別の解消の推進に関する法律（障害者差別解消法）（平成25年6月制定，平成28年4月施行）

(1) 障害者基本法第4条の「差別の禁止」の規定※を具体化

障害を理由とする差別の解消の推進に関する基本的な事項，行政機関及び事業者における障害を理由とする差別を解消するための措置などの規定。

※障害者基本法第4条（差別の禁止）

「何人も，障害者に対して，障害を理由として，差別することその他の権利利益を侵害する行為をしてはならない」

(2) 「障害に基づく差別」の定義（第2条）

「障害に基づく差別は，あらゆる区別，排除又は制限であって，政治的，経済的，社会的，文化的，市民的その他のあらゆる分野において，他の者との平等を基礎として全ての人権及び基本的自由を認識し，享有し，又は行使することを害し，又は妨げる目的又は効果を有するもの」

障害に基づく差別は，あらゆる形態の差別（合理的配慮の否定を含む）

(3) 「合理的配慮」の定義

「障害者が他の者との平等を基礎として全ての人権及び基本的自由を享有し，又は行使することを確保するための必要かつ適当な変更及び調整であって，特定の場合において必要とされるものであり，かつ，均衡を失した又は過度の負担を課さないものをいう」

(4) 「インクルーシブ教育システム」の目的（第24条）

① 人間の多様性の尊重等の強化する

② 障害者が精神的及び身体的な機能等を最大限度まで発達させる

③ 自由な社会に効果的に参加することを可能とする

④ 障害のある者と障害のない者が共に学ぶ仕組み

⑤ 障害のある者が一般的な教育制度から排除されないこと

⑥ 自己の生活する地域において初等中等教育の機会が与えられること

⑦ 個人に必要な「合理的配慮」の提供

8 児童福祉法（平成28年6月改正・施行）

○医療的ケア児の支援に関する保険，医療，教育等関係の連携の一層の推進

9 その他

(1) 初めて通級による指導を担当する教師のためのガイド（令和2年3月）

通級による指導の初心者の教員にも分かりやすい資料として，斬新なスタイルでつくられたガイドブックとなっている。指導のポイントを分かりやすく絞り込んで説明し，付属の資料はQRコー

ドで確認できるようになっている。

　内容構成は，「通級指導を担当するに当たって」の概論から始まり，「通級指導の１年間の流れ」「個別の教育支援計画と個別の指導計画作成」，「子供の情報の引継ぎ」まで，通級による指導を行う上での基礎・基本が記載されている。実践例として，Q&A形式で16事例掲載されている。

　巻末には，「知っておきたい基本事項・用語」もまとめられている。

　第１章　通級指導を担当するに当たって

　　　1　障害による学習面や生活面における困難の改善・克服に向けた指導が基本です。

　　　2　一人一人の状況や願いに応じた指導を心掛けましょう。

　　　3　子供の自信や意欲につながる指導を心掛けましょう。

　　　4　困ったら，一人で悩まずに相談しましょう。

　第２章　通級指導の１年間の流れ

　　　1　１年間の動き（例）

　　　2　通級指導の利用の決定から終了までのフロー図（例）

　　　　（1）　通級担当になることが分かったら

　　　　（2）　子供のことを知ろう

　　　　（3）　個別の教育支援計画と個別の指導計画

　　　　（4）　子供の情報の引継ぎ

　第３章　実践例

　（例）実践例1

　　　　まず，担当する子供について知りたい！　保護者との面談の前にどこから情報を集めればいいんだろう？　子供のどんなところを見ればいいんだろう？

　第４章　知っておきたい基本事項・用語

　　　1　通級指導に通っている子供は，こんなことに困っています。

　　　2　障害をどう捉えるか

　　　3　合理的配慮の提供

　　　4　通級指導の法的根拠

（2）　共生社会の形成に向けたインクルーシブ教育システムの構築のための特別支援教育の推進（平成24年7月中央教育審議会初等中等教育分科会報告）

① 就学相談・就学先決定の在り方

② 合理的配慮，基礎的環境整備

③ 多様な学びの場の整備

④ 学校間連携，交流及び共同学習等の推進

⑤ 教職員の専門性向上　等

（3）　発達障害を含む障害のある幼児児童生徒に対する教育支援体制整備ガイドライン〜発達障害等の可能性の段階から教育的ニーズに気付き，支え，つなぐために〜（平成29年3月改訂）

① 障害者権利条約の批准や学校教育法等の改正に伴い，全ての学校，全ての　学級において障害のある児童等に対する特別支援教育を行うことが求められていることを踏まえ，校内委員会の運営，特別支援コーディネーターの活用，「個別の教育支援計画」の策定・活用など，教育委員会や学校等における教育支援 体制の整備のための要点を示した。

②設置者，校長，教員等の役職等ごとに具体的な役割等を記載。

- ・第1部　概論（導入編）
- ・第2部　設置者用（都道府県・市町村教育委員会等）
- ・第3部　学校用
  - ○校長（園長を含む）用
  - ○特別支援教育コーディネーター用
  - ○通常の学級の担任・教科担任用
  - ○通級担当教員，特別支援学級担任及び養護教諭用
- ・第4部　専門家用
  - ○巡回相談員用
  - ○専門家チーム用
  - ○特別支援学校用（センター的機能）
- ・第5部　保護者用

(4)　教育支援資料～障害のある子供の就学手続と早期からの一貫した支援の充実～（平成25年10月，文部科学省初等中等教育局特別支援教育課）

序論
1　障害のある子供の教育に求められるとこと
2　早期からの一貫した支援と，その一過程としての就学期の支援
3　今日的な障害の捉えと対応
第1編　学校教育法施行令の一部を改正する政令の解説
第2編　教育相談・就学先決定のモデルプロセス
　第1章　関係者の心構えと関係者に求められること
　第2章　検討に向けた準備
　　1　保護者への事前の情報提供
　　2　就学期における特別な支援が必要な幼児の把握
　　3　保護者への就学に関するガイダンス
　第3章　就学先の検討
　　1　保護者面談
　　2　子供に関する情報の収集
　　3　学校見学や体験入学の実施
　　4　教育的ニーズ等の検討
　　5　個別の教育支援計画等の作成
　第4章　就学先の決定・通知
　　1市町村教育委員会による就学先の決定
　　2　通知の発出
　第5章　「学びの場」の柔軟な見直し等
　　1　継続的な教育相談の実施
　　2　就学先の検討，変更
　第6章　教育相談体制の整備
　　1　市町村教育委員会における教育相談体制の整備
　　2　都道府県教育委員会における教育相談体制の整備
　　3　早期からの支援体制の充実

（5）　高等学校等（特別支援学校高等部含む）における遠隔教育の実施について

①　学校教育法施行規則の一部を改正する省令（平成 27 年文部科学省令第 19 号）

②　学校教育法施行規則の規定によらないで教育課程を編成することができる場合を定める件の一部を改正する告示（平成 27 年文部科学省告示第 91 号）

③　学校教育法施行規則第八十八条の二の規定に基づき，高等学校，中等教育学校の後期課程又は特別支援学校の高等部が履修させることができる授業について定める件（平成 27 年文部科学省告示第 92 号）

（6）　学習用デジタル教科書の制度化

○学校教育法等の一部を改正する法律（平成 31 年 4 月施行）

（7）　独立行政法人国立特別支援教育研究所

①　インクル DB

（1）「合理的配慮」実践事例データベース

・文部科学省の「インクルーシブ教育システム構築モデル事業」において取り組まれている実践事例について検索するシステム

（2）　相談コーナー

・都道府県，市区町村，学校からのインクルーシブ教育システム構築の相談を受けるコーナー

（3）　関連情報

・インクルーシブ教育システム構築に関連する様々な情報の掲載

②　NISE 学びラボ〜特別支援教育 e ラーニング〜

・障害のある児童生徒等の教育に携わる教職員の資質能力向上を図る主体的な取組を支援するインターネットによる講義配信

③　発達障害教育推進センターのサイト

・学校における指導・支援について，子供のつまずきを「学習面」「行動面」「社会性」の側面から Q&A 形式で紹介している。

・発達障害の障害特性を踏まえた指導・支援方法の解説

あとがき

　「障害者の権利に関する条約」等に基づき，障害のある者と障害のない者が共に学ぶことを目指すとともに，個別の教育的ニーズのある児童生徒に対し，その時々で多様で柔軟な学びの場の提供ができるような整備が進められてきています。

　平成5年に小・中学校で制度化された通級による指導（以下，「通級指導」）は，平成30年には高等学校でも制度化され，各地の高等学校で指導が始まるようになりました。

　小・中学校では，通級指導をそれまでの教員の加配措置から，平成29年より10年間かけて児童生徒13人に対して1名の教員配置になる基礎定数化が図られるようになりました。

　令和2年から小学校等を筆頭に順次完全実施になる新学習指導要領では，総則に特別な配慮を要する子供への指導について示されたり，各教科等の解説には学習過程における想定される困難さとそれに対する指導上の意図や手立てについて示されたりするなど，特別支援教育に関する記述がよりきめ細やかになり，指導の充実が図られるようになりました。

　このように，特別支援教育の環境整備が進められていく中で，通級指導を受ける児童生徒数も平成5年の12,259人から令和元年には134,185人と10倍以上の増加となってきています。全体の児童生徒数が年々減っていく中で，通級指導を受ける児童生徒数はこれからもまだまだ増えると予想されています。

　児童生徒数の増加に伴って，通級指導を担当する先生方も増えてきていますが，全国特別支援学級・通級指導教室設置学校長協会が独立行政法人国立特別支援教育総合研究所の協力を得て毎年行っている全国調査などから，特別支援教育の経験が多い教員の増加が児童生徒数の増加に追い付けていない現状とともに，学校現場では，指導内容に苦労されている先生方が多くいることが分かってきました。

　このような状況を受け，本協会では，通級指導教室での日々の実践の道しるべとなる教育実践を全国の校長先生方から推薦いただいた先生方に依頼し集め，実践事例集として発行することにしました。31の実践事例には，対象の児童生徒の様子，指導方法・指導時間，計画，ねらい，評価の観点，指導の様子，次の単元に向けて等が記載されており，先生方の目の前にいる児童生徒への指導に役立つ構成になっています。ぜひ活用していただければと思います。

　最後になりますが，お忙しい中，全体の監修とともに，「実践事例を読むに当たって踏まえていただきたいこと」を執筆していただきました前文部科学省初等中等教育局特別支援教育課特別支援教育調査官，兵庫県教育委員会事務局特別支援教育課副課長兼教育推進班長の田中裕一様はじめ，事例を執筆していただきました先生方，編集委員の校長先生方，発行できるまで応援していただきました東洋館出版社の大場亨様に対し，心よりお礼を申し上げます。

令和2年12月

全国特別支援学級・通級指導教室設置学校長協会会長　　川崎　勝久

執筆者一覧

【監修】

田中　裕一　　兵庫県教育委員会事務局特別支援教育課副課長兼教育推進班長
　　　　　　　　前 文部科学省初等中等教育局特別支援教育課特別支援教育調査官

【編著】

全国特別支援学級・通級指導教室設置学校長協会
　〔編集委員〕

川崎　勝久　　東京都 新宿区立花園小学校校長
大関　浩仁　　東京都 品川区立浜川小学校校長
喜多　好一　　東京都 江東区立豊洲北小学校統括校長
小林　　繁　　東京都 渋谷区立臨川小学校校長
山中ともえ　　東京都 調布市立飛田給小学校校長

【執筆】（執筆順。所属等は令和2年11月現在）

田中　裕一　　　前掲
村井めぐみ　　　北海道 札幌市立幌北小学校教諭
八嶋　伸明　　　宮城県立拓桃支援学校教諭
菅井　康久　　　宮城県 仙台市立鹿野小学校教諭
長島　卓也　　　東京都 調布市立布田小学校教諭
宇田　圭佑　　　東京都 調布市立緑ヶ丘小学校主任教諭
伊藤　陽子　　　宮城県 仙台市立高砂中学校教諭
今関　裕恵　　　千葉県 千葉市立高浜海浜小学校教諭
齋藤真由美　　　茨城県 鹿嶋市立三笠小学校教諭
櫻井　弘幸　　　静岡県 御前崎市立白羽小学校教諭
村元　康子　　　石川県 小松市立矢田野小学校教諭
永井　明美　　　群馬県 高崎市立中央小学校教諭
杉森　　弘　　　埼玉県 所沢市立中央中学校教諭
南谷みどり　　　岐阜県 岐阜市立徹明さくら小学校教諭
平野　雅也　　　三重県 四日市市立富洲原中学校指導教諭
平野　恵里　　　東京都 府中市立府中第三中学校主任教諭
福井　玲子　　　滋賀県 東近江市立八日市南小学校教諭
今井　裕子　　　兵庫県 神戸市立西脇小学校教諭
内田　直美　　　岡山県 岡山市立横井小学校指導教諭
中垣　彰子　　　島根県 安来市立十神小学校教諭

池本　久美　　鳥取県　鳥取市立国府東小学校教頭
蒲生　花子　　東京都　調布市立調和小学校教諭
加藤　覚子　　岩手県　一関市立藤沢小学校教諭
後藤　清美　　東京都　江東区立第二亀戸小学校教諭
向井　浩之　　広島県　広島市立中広中学校教諭
大西　美緒　　香川県　高松市立一宮小学校教諭
森　きみ子　　福岡県　福岡市立福浜小学校教諭
四方　康雄　　佐賀県　嬉野市立久間小学校教諭
藤原　裕子　　福岡県　那珂川市立岩戸北小学校教諭
山尾　素文　　徳島県　鳴門市第一中学校教諭
小野　卓也　　福岡県　北九州市立引野中学校教諭
川崎　勝久　　前掲

「通級による指導」における自立活動の実際

2021（令和3）年1月28日　初版第1刷発行
2022（令和4）年4月20日　初版第4刷発行

監修者：田中　裕一
編著者：全国特別支援学級・通級指導教室設置学校長協会
発行者：錦織　圭之介
発行所：株式会社東洋館出版社
　　　　〒113-0021　東京都文京区本駒込5丁目16番7号
　　　　営業部　電話03-3823-9206　FAX03-3823-9208
　　　　編集部　電話03-3823-9207　FAX03-3823-9209
　　　　振　替　00180-7-96823
　　　　ＵＲＬ　https://www.toyokan.co.jp

印刷・製本：藤原印刷株式会社
装丁・本文デザイン：藤原印刷株式会社

ISBN978-4-491-04117-9
Printed in Japan

田中裕一　監修
全国特別支援学級設置学校長協会　編著

小・中学校でできる
「合理的配慮」のための
授業アイデア集

田中 裕一
監修

全国特別支援学級設置学校長協会
編著

東洋館出版社

新学習指導要領では、障害のある児童生徒に対して指導内容や指導方法を工夫することが求められている。では、それを具現化するためにはどうすればよいのか。本書では、授業において合理的配慮を提供するための100のアイデアを紹介する。

本体価格 2,000 円 + 税

書籍詳細ページ

がんばる先生を
応援します！
 東洋館出版社

〒113-0021　東京都文京区本駒込5丁目16番7号
ＴＥＬ 03-3823-9206　ＦＡＸ 03-3823-9208

新版

「特別支援学級」と「通級による指導」ハンドブック

田中裕一
[監修]

全国特別支援学級・
通級指導教室設置学校長協会
[編著]

東洋館出版社

田中 裕一 監修

全国特別支援学級・
通級指導教室設置学校長協会
編著

▲書籍詳細ページ

本体価格 3,000円+税

特別支援学級と通級による指導のすべてがこれ1冊でわかる！
設置校必携。

現在，我が国では，30万人以上の児童生徒が特別支援学級や通級指導教室で教
育を受けている。本書は，最新の法令等を踏まえ，その法的な位置付けや教育
課程との関連，指導内容や評価等，担当教員の指導の拠り所となるハンドブッ
クである。
設置校必携の1冊。

東洋館出版社

〒113-0021　東京都文京区本駒込5丁目16番7号
TEL: 03-3823-9206　FAX: 03-3823-9208
URL: http://www.toyokan.co.jp